حكايات كليلة ودمنة

لطلاب اللغة العربية

أعاد روايتها منذر يونس

الرسوم: أنيس رابع

Kalila wa Dimna
For Students of Arabic

Retold by Munther A. Younes
Illustrations by Anees Rabie

SPOKEN LANGUAGE SERVICES, INC.
ITHACA, NY

Published & Distributed by

Spoken Language Services, Inc.
P.O. Box 783
Ithaca, NY 14851-0783
(607) 256-0500
www.spokenlanguage.com

With the assistance of
The Department of Near Eastern Studies
Cornell University
Ithaca, NY

ISBN 0-87950-128-6

المُحتَوَيات

مقدّمة

باب مقدمة الكتاب ١

القبّرة والفيل ١

باب عرض الكتاب ٤

الصياد واللؤلؤة ٤

باب برزويه المتطبّب ٧

اللص وشعاع النور ٧

اللص المتردد ١١

التاجر والصائغ ١٤

باب الأسد والثور ١٦

الرجل الذي قتله الحائط ١٦

القرد والنجار ١٨

الغراب والحيّة ٢٠

طائر البحر والسرطان ٢٣

الأسد والأرنَب ٢٦

السمكات الثلاث ٢٩

القملة والبرغوث ٣٢

الأسد وأصحابه ٣٤

السلحفاة والبطتان ٤١

الطائر والقرود ٤٤

الخدّاع والمغفّل ٤٦

الجرذان والحديد ٤٩

الأسد والثور ٥١

باب الفحص عن أمر دمنة ٧٥

الطبيب الجاهل ٧٥

الفحص عن أمر دمنة ٧٧

باب الحمامة المطوّقة ٨٤

الحمامة المطوّقة والجُرذ ٨٤

الغراب وأصحابه ٨٨

الجرذ والناسك ٩٥

باب البوم والغربان ١٠١

عداوة البوم والغربان ١٠١

الأرنب والفيَلة ١٠٤

الأرنب والطائر والقطّ ١٠٧

الناسك واللصوص ١١٠

الفأرة لا تتزوج الا فأراً ١١٢

الحيّة وملك الضفادع ١١٥

البوم والغربان ١١٨

باب القرد والغيلم ١٢٩

القرد والغيلم ١٢٩

ابن آوى والأسد والحمار ١٣٦

باب الناسك وابن عرس ١٤١

الناسك وابن عُرس والحيّة ١٤١

الناسك والسمْن والعَسَل ١٤٤

باب الجرذ والسنّور ١٤٧

باب الملك والطائر فنزة ١٥١

باب الأسد وابن آوى ١٥٥

باب اللبؤة والإسوار والشغبر ١٦٥

باب ايلاذ وبلاذ وايراخت ١٦٨

الحمام الذي قتل نفسه ١٦٨

باب الناسك والضيف ١٧١

باب السائح والصائغ ١٧٤

باب ابن الملك وأصحابه ١٨٢

ابن الملك وأصحابه ١٨٢

الهدهدان والكنز ١٨٩

باب الحمامة والثعلب ومالك الحزين ١٩٣

قائمة المفردات ١٩٧

Acknowledgments

I would like to express my gratitude to the Consortium for Language Teaching and Learning for its financial support in producing the illustrations used in this book, and to the Department of Near Eastern Studies at Cornell University for its assistance in defraying part of the publication cost. I am also indebted to my students in Intermediate and Advanced Arabic at Cornell, who were always enthusiastic participants in my experiments with the *Kalila wa Dimna* stories and the exercises that accompany them. It was their enthusiasm that convinced me to rewrite and expand the previously published version of the book. Finally, I am grateful to my illustrator, Anees Rabie, whose insider's understanding of Middle East culture and native command of the Arabic language combined with a unique sense of humor and a special artistic talent to bring the Kalila wa Dimna stories to life. Improvements over the previous version of the book are largely due to my students' comments and suggestions and to Mr. Rabie's illustrations.

مقدّمة

يحتوي هذا الكتاب على قصص "كليلة ودمنة" التي اعتبرتها مُفيدة وممتعة لطالب العربية الأجنبي الذي أنهى سنة واحدة على الأقلّ في دراسة اللغة. وقد أعدتُ رواية القصص بلغة سهلة حديثة، مع حذف التفاصيل التي يمكن الاستغناء عنها في رواية القصّة. ولتسهيل قراءة القصص أعدتُ ترتيبها بحيث لا يتداخل بعضها ببعض كما في الأصل. فعلى سبيل المثال، يتكوّن باب الأسد والثور في الكتاب الأصلي من قصّة واحدة متّصلة تتضمّن مالا يقلّ عن أربعة عشر قصّة مختلفة. وقد قمتُ بفصل تلك القصص وغيّرت ترتيبها وقسمت القصص الطويلة منها الى أجزاء تتكون من صفحة واحدة في المتوسّط لتسهيل قراءتها. ويرافق كل قصّة أو جزء من قصّة مجموعة من النشاطات والتمارين التي تهدف الى تقوية مهارات الطالب اللغوية الأربع (الاستماع والقراءة والتحدّث والكتابة) وإغناء حصيلته من المفردات.

كتاب كليلة ودمنة

كتاب "كليلة ودمنة" من أشهر الكتُب العربيّة القديمة والحديثة. أصله هندي، وتُرجم من اللغة السنسكريتية الى اللغة الفارسية ثمّ الى السريانية والعربية.

يَعتقد المؤرّخون أن كاتب الأصل الهندي هو رجل من البراهمة وقد كتبه حوالي سنة ٣٠٠ ميلادية. وكان هدف الكتاب تعليم السياسة للحكّام عن طريق قصص الحيوانات.

تَرجم الكتاب من الهندية الى الفارسية الطبيب "بُرْزويْه"، طبيب الملك الساساني خسرو انوشروان. وكان أنو شروان قد أرسل برزويه الى الهند لهذا الهدف. وأضاف برزويه الى ترجمته بعض القصص من مصادر هندية أخرى. وقد تُرجِم الكتاب من الفارسيّة الى السريانية حوالي سنة ٥٧٠ ميلادية. وبعد ذلك بقرنين تقريباً قام عبدالله ابن المقفّع بترجمته الى العربية. وقد أضاف ابن المقفع أجزاء جديدة للأصل الفارسي، منها جزء وضعه في مقدمة برزويه تَظهر فيه شكوك ابن المقفع في الأديان.

وعلى الرغم من ضياع النسخة الأصلية التي ترجمها ابن المقفع فقد انتشر الكتاب في نُسخ مُختلفة انتشاراً كبيراً في العالم الإسلامي ومنه الى اوروبا.

عبدالله ابن المقفع

كاتب مُسلِم مشهور من أصل فارسي، مِن أوّل مَن ترجموا الكُتب الهنديّة والفارسيّة الى اللغة العربية.

وُلد سنة ١٠٢ هـ./٧٢٠ م. في مدينة "جور" في بلاد فارس لعائلة من أشراف ايران. ثم جاء الى البصرة، مركز الثقافة العربية في ذلك الوقت، وصار مولى لآل الأهتم، فاحترموه وعاملوه معاملة حسنة. وفي البصرة استمع للمدرّسين وجلس مع العلماء والأدباء. وعندما اشتهر عمل كاتباً عند الوُلاة الأمويين في بلاد فارس. وبعد سقوط الدولة الأموية عمل كاتباً عند الوُلاة العبّاسيين.

مات ابن المقفع شابّاً عندما كان عمره ٣٦ سنة. وقد عذّبه سفيان ابن معاوية المُهَلّبي حاكم البصرة وقتله وأحرقه. وقد اختلف المؤرّخون في سبب قتله. يقول بعضهم إنّه قُتِل لأنّه كان زِنديقاً مُلحداً. ويقول بعضهم الآخر إنّه كان عدواً للدولة العباسية الجديدة، وقد انتقدها في كتاباته لأنها قامت على الإرهاب والعُنف.

وعلى الرغم من موت ابن المقفع في شبابه فإنه خلّف عدداً كبيراً من الكتب والرسائل، وصلَنا بعضها وضاع بعضها الآخر. ومن أشهر أعماله كتاب "كليلة ودمنة" و"الأدب الكبير" و"رسالة الصحابة".

اقتراحات للمعلّم

يمكن استعمال الكتاب والتسجيل الصوتي الذي يرافقه للقراءة والاستماع خارج الصفّ بدون مساعدة من المعلّم أو داخل الصف كمقرّر يدرسه الطالب بمساعدة المعلّم وتوجيهه. وفيما يلي بعض الاقتراحات لاستعمال الكتاب. وهي اقتراحات فقط، ولكل معلّم طريقته في التعليم ولكل مُتعلّم طريقته في التعلّم.

اذا أراد المعلّم أن يستعمل طلابُه الكتاب للقراءة الإضافية خارج الصف، فيمكن أن يقرأ الطالب نصوص القصص ويستمع لها بهدف الاستمتاع وتحسين مقدرته اللغوية بشكل عام دون الإجابة على أي من التمارين، أو الإجابة على بعضها فقط، حسب ما يراه المعلّم مناسباً. فمجرّد الاستماع للقصص أو قراءة نصوصها يساعد على تذكّر وتعلّم مفردات وتعابير وتراكيب كثيرة سمعها الطالب أو لم يسمعها في الماضي. ومما يساعد الطالب في هذا المجال هو تشابه مواضيع القصص وتكرار الكثير من

كلماتها في سياقات مختلفة.

واذا استُعمل الكتاب كمقرّر صفّي يمكن للمعلّم أن يطلب من الطلاب تحضير ما يراه مناسباً من التمارين الكثيرة في الكتاب. والهدف من هذه التمارين هو مساعدة الطالب على فهم القصص بشكل أعمق وتحسين قُدرته على الكتابة وتطوير معرفته باشتقاق الكلمات والعلاقات بينها مما يساعد في إغناء حصيلته من المفردات، وتحسين مهاراته اللغوية بشكل عام.

وقد استعملتُ ولا زلت أستعمل الكتاب كمقرر صفّي بالإضافة الى مواد أخرى من مصادر مختلفة. وفيما يلي وصف عام للطريقة التي استعملتها في تدريسه. أطلب من الطلاب قراءة القصّة والاستماع لها والإجابة على كل التمارين فيها قبل مجيئهم الى الصف: يُجيبون كتابةً على الأسئلة التي تتطلّب إجابات قصيرة، ويبحثون عن معاني الكلمات المطلوبة في القاموس[1]، ويستعملون كل الكلمات المطلوب استعمالها في جمل أو عدداً معيّناً منها، ويملأون الفراغات في الفقرة التي أُخِذت من النصّ من الذاكرة ودون النظر الى النصّ نفسه الا بعد ملء تلك الفراغات، ثم كتابة فقرة أو فقرتين حول نقطة رئيسية في القصّة. وفي الصفّ أسألهم اذا كانت هناك صعوبات في أي من التمارين أو اذا كان لديهم أسئلة على ما قرأوه وسمعوه أو على التمارين التي أجابوا عليها. بعد ذلك أطلب منهم إعادة رواية القصّة بكلماتهم الخاصّة، التي قد تحتوي على كلمات عاميّة، ولا أرى ضرراً في ذلك. وأخيراً أسألهم عن الهدف من القصّة أو الدرس الذي نتعلّمه منها. وأحياناً أطلب منهم كتابة إنشاء عن ذلك الهدف كواجب منزلي.

وعلى الرغم من أنّ الكتاب يحتوي على الكثير من النشاطات التي تهدف الى تقوية المهارات اللغوية الأربع وفي إغناء حصيلة الطالب من المفردات، فإنّه لا يكفي وحده ليكون مقرّراً لصفّ اللغة العربية. يرجع ذلك الى كون المادّة اللغوية فيه محدودة، فهي تركّز على الأساطير المرويّة على ألسنة الحيوانات والطيور. لذلك أقترح على المعلّم استعمال مواد أخرى لمصاحبة الكتاب مثل القصص القصيرة والشعر والمسرحيات ومقالات الجرائد والمجلات.

---

١ أمّا الكلمات المشار اليها بعلامة نجميّة (*)، فيحاول الطالب تخمين معانيها من سياق القصّة، أو تذكّر تلك المعاني بنفسه، دون سؤال المدرّس أو اللجوء الى القاموس.

Suggestions to the Student

This book is designed for students who have finished at least one year of Arabic. It can be used as a classroom text or for independent study. The above paragraphs, addressed to teachers, include suggestions for using the book as a classroom text. For independent study, the book can be used in a number of ways, depending on the language level, interests, and goals of the user. The advanced student, for example, can listen to or read the stories for enjoyment and to reinforce what he has learned before. The student who has just finished only one year of Arabic may benefit more from a more intensive study of the stories, i.e., listening to and reading them more than once and doing some or all of the exercises. Some students might be content with achieving a basic understanding of each story line to improve their overall reading and listening skills, while others might insist on gaining a thorough understanding of each story. Each student should decide for himself how to use the stories, audio recordings, and exercises to improve his command of Arabic.

باب مقدّمة الكتاب

القبّرة والفيل

عشّشتْ قُبّرة على طريق فيل، فمرّ الفيل في يوم من الأيام ومشى على العشّ
وكسر البيض، وقتل الفراخ التي فيه. فلمّا رأت القبّرة ما حدث لبيضها عرفت أنّ
الفيل هو الذي كسره، فطارت ووقفت على رأسه وهي تبكي*[1] وقالت: "أيّها الفيل
العظيم، لماذا كسرتَ بيضي وقتلتَ فراخي وأنا جارتك؟ هل فعلت ذلك لأنك قويّ وأنا
ضعيفة؟" قال الفيل: "نعم، هذا هو السبب."

تركتـه القبّرة وذهبت الى الطيور الأخرى وأخبرتها بما حدث. فسألتها
الطيور: "وماذا نقدر أن نعمل للانتقام* من الفيل ونحن طيور ضعيفة؟" فطلبت
من الغِربان أن تنقُر عيْنَي الفيل، فذهبت الغربان ونقرت عينيه، وصار أعمى لا
يرى طريقه الى مَأكَله ومَشربه. ثمّ ذهبت الى غدير فيه ضفادع* كثيرة، وأخبرتها

---

[1] The meanings of the words marked with an asterisk are not given in the vocabulary lists or in the
comprehensive glossary at the end of the book. Try to guess these meanings from the context.

بما فعل الفيل ببيضها، وطلبت منها أن تذهب الى حُفْرة كبيرة وتنُقّ فيها بصوت عالٍ حتى يسمعها الفيل ويظنّ أنّ في الحفرة ماء ويذهب ليشرب. فذهبت الضفادع وتجمّعت في الحفرة وبدأت تَنُقّ. عندما سمع الفيل نَقيقها ذهب الى الحفرة من شدّة العطش فوقع فيها وتكسّر. ثم جاءت القبّرة ووقفت على رأسه وقالت له: "أيها الظالم المَغرور، لقد احتقرتَني* وقتلت فراخي واعتقدتَ أنني ضعيفة ولا أقدر على الانتقام منك، انظر الى حالك الآن!

كلمات جديدة

by way of path طريق

عشّش-يعشّش	to nest	قُبَّرة	lark
فيل	elephant	فَرخ (ج. فِراخ)	baby bird
سَبَب	reason	غُراب (ج. غِربان)	raven
نقَر-ينقُر	to peck	أعمى	blind
غَدير	pond	حُفْرة	hole
نَقّ-ينُقّ	to croak	ظَنّ-يظُنّ	فكّر-يفكّر
شِدّة	intensity	ظالِم	unjust, oppressor
مَغرور	conceited	نظَر-ينظُر	to look

أ. إجابات قصيرة

١. مَن كسر بَيض القُبّرة؟

....

٢. لماذا لم يهتمّ الفيل بالقبّرة؟

....

٣. لماذا ذهب الفيل الى الحُفرة؟

....

٤. ماذا حدث للفيل في الحُفرة؟

....

ب. اكتب جذور وأوزان الكلمات التالية، كما في المثالين.

	الجذر	الوزن
عشّشت	عشّ	فعّل، II
مشربه	شرب	مَفعَل

تبكي، وأخْبرتها، فَسألتها، للانتقام، الغِربان، أعْمى، مأكَله، وتجمَّعَت، تَنُق، نقيقها، شِدّة، وتكسّر، احتَقَرتَني، واعتقَدتَ

ج. املأ الفراغات.

عشّشتْ قُبّرة على طريق فيل، فمرّ .... في يوم من .... ومشى على العشّ وكسر البيض، وقتل الفراخ .... فيه. فلمّا رأت القبّرة ما حدث لبيضها عرفت .... الفيل هو الذي كسره، فطارت ووقفت .... رأسه وهي تبكي وقالت: "أيّها الفيل العظيم، لماذا كسرتَ .... وقتلت فراخي وأنا جارتك؟ هل فعلت .... لأنك قويّ وأنا ....؟" قال الفيل: "نعم، هذا هو السبب."

تركته القبّرة وذهبت .... الطيور الأخرى وأخبرتها بما حدث. فسألتها ....: "وماذا نقدر أن نعمل للانتقام .... الفيل ونحن طيور ضعيفة؟" فطلبت من .... أن تنقُر عينَيِ الفيل، فذهبت الغربان .... عينيه، وصار أعمى لا يرى طريقه .... مَأكَله ومَشربه. ثمّ ذهبت الى غدير فيه ضفادع ....، وأخبرتها بما فعل الفيل ببيضها وطلبت منها .... تذهب الى حُفْرة كبيرة وتنُقّ فيها .... عالٍ حتى يسمعها الفيل ويظنّ أن في الحفرة .... ويذهب ليشرب. فذهبت الضفادع وتجمّعت .... الحفرة وبدأت تَنُقّ. عندما سمع الفيل .... ذهب الى الحفرة من شدّة العطش فوقع فيها .... ثم جاءت القبّرة ووقفت .... رأسه وقالت له: "أيها الظالم المَغرور، لقد احتقرتَني .... فراخي واعتقدتَ أنني ضعيفة ولا أقدر على الانتقام ....، انظر الى حالك ....

د. للمناقشة والإنشاء

١. لماذا أرادَت القبّرة الانتقام من الفيل؟

٢. كيف ساعدَت الطيور القُبّرة على الانتقام من الفيل؟

باب عَرَض الكتاب

الصيّاد واللؤلؤة

كان صيّاد يصيد سمكاً في نهر، فرأى في يوم من الأيام صَدَفة جميلة تلمع في الماء فظنّ أنّها جَوهرة* لها قيمة عالية، وكان في شبكته* سمكة فتركها ورمى نفسه في الماء ليأخذ الصدفة، فلما أخرجها وجدها فارغة، فندم لأنّه ترك السمكة وطمِع في الصدفة. وفي اليوم التالي ذهب الى مكان آخر من النهر وأنزل شبكته في الماء فوقعت فيها سمكة صغيرة، ورأى بجانب السمكة صدفة فلم ينتَبه* لها وتركها، فمرّ صيّاد آخر وأخذها فوجد فيها لُؤلؤة تُساوي مالاً كثيراً.

كلمات جديدة

صَيّاد	fisherman	صَدَفَة	shell
لَمَع-يلمَع	to shine	قيمة	value
فارغ	empty	طمِع-يطمَع	to be greedy
لُؤلُؤة	pearl	ساوى-يُساوي	to be equal to

أ. إجابات قصيرة

١. ماذا ظنّ الصيّاد عندما رأى الصدَفة في اليوم الأوّل؟

....

٢. لماذا ندم؟

....

٣. مَن أخذ الصدَفة التي لها قيمة عالية؟

....

ب. اكتب جذور وأوزان الكلمات التالية.

صيّاد، وأنزل، ينتبه، تساوي

ج. طابق بين الكلمة وعكسها في العمودين.

Match the word in the first column with its opposite in the second.

عالي	ملآن، مملوء
فارِغ	أعطى
أخرَج	جميل
التالي	مُنخَفض
أخذ	قليلاً
كثيراً	الماضي، السابِق
قبيح	أدخل

د. املأ الفراغات.

كان صيّاد يصيد سمكاً في ....، فرأى في يوم من ....
صدفة جميلة تلمع في .... فظنّ أنّها جوهرة لها قيمة عالية، وكان في
شبكته .... فتركها ورمى نفسه في الماء ليأخذ ....، فلما أخرجها
وجدها فارغة، فندم .... ترك السمكة وطمِع في الصدفة. وفي اليوم
.... ذهب الى مكان آخر من النهر وأنزل .... في الماء فوقعت فيها
سمكة صغيرة، ورأى بجانب .... صدفة فلم ينتبه لها وتركها، فمرّ
.... آخر وأخذها فوجد فيها لؤلؤة تساوي مالاً ....

هـ. للمناقشة والإنشاء

لماذا ترَك الصيّاد الصدفة في اليوم التالي؟

٦

باب برزويه المُتطبِّب

اللص وشعاع النور

في ليلة من الليالي تسلّقت جماعة من اللصوص بيت رجل غَنيّ، فاستيقظ الرجل وأيقظ زوجته وقال لها: "هناك لصوص على سطح البيت يريدون دخوله، فاسأليني بصوت يسمعونه كيف حصلت على مالي الكثير وأصبحتُ غنيّاً، وإذا رفضتُ الإجابة استمرّي في السؤال حتى أقول لك."

فعلت الزوجة ما طلب منها زوجها وسألَته واللصوص يسمعون، فقال الرجل: "اسكتي، إن الله أعطانا هذا المال ويجب علينا أن نقنع بما أعطانا الله ولا نسأل أسئلة كثيرة." ثم سألته مرّة ثانية: "ولكن كيف حصلتَ على ذلك المال؟" فردّ الزوج: "أخاف اذا قلتُ لك أنْ يسمعني الناس، وأنا لا أريد أن يعرف أحد سرّي." فقالت الزوجة: "ولكن مَن يسمع كلامنا في منتصف* الليل، والناس نائمون في بيوتهم؟" قال الرجل: "كنت لصّاً وجمعتُ كل مالي بالسرقة." قالت الزوجة: "وكيف كان ذلك؟" قال الزوج: "كنتُ أعرف سرّاً لا يعرفه أحد غيري، وذلك السرّ مَكّنني من السرقة

بسهولة دون أن يقبض علي أحد." قالت الزوجة: "وما ذلك السرّ؟" قال الرجل: "كنتُ أذهب في الليالي المُقمِرة* مع أصحابي ونتسلّق بيوت الأغنياء ونبحث عن الفتحة التي يدخل منها النور الى البيت، وعندما نجدها كنت أردّد كلمة 'شَولم' سبع مرّات دون أن يسمعني أحد، ثم أعانق النور وأنزل الى البيت ولا يشعر أحد بنزولي، ثم أسرق كل ما أريد وأقول 'شولم' سبع مرّات وأعانق النور مرّة ثانية وأصعد الى السطح وأهرب مع أصحابي بسلام." ثم سكت الرجل وزوجته.

عندما سمع اللصوص ذلك قالوا: "سنسرق الليلة كل ما نريد من المال." ثم انتظروا حتى ظَنّوا أنّ الرجل وزوجته نائمان، فذهب رئيسهم الى فتحة النور وقال 'شولم' سبع مرّات ثم عانق النور ونزل الى أرض البيت فوقع مَقلوباً* على رأسه، فهجم عليه الرجل الغني وضربه بعصاه، وقال له: "من أنتَ؟" فردّ اللص: "أنا السارق المَخدوع* الذي صدّق* ما لا يُمكن تصديقه."

كلمات جديدة

تسلَّق-يتسلَّق	to climb	لِصّ (ج. لُصوص)	thief
سَطْح	roof	حَصَلَ-يحصُلُ على	to get, obtain
رَفَضَ-يرفُض	to refuse	إجابة	answer
سَكَتَ-يسكُت	to be quiet, silent	قَنِعَ-يقنَع	to be content
سِرّ (ج. أسرار)	secret	مَكَّنَ-يُمَكِّن	to enable
قَبَضَ-يقبَض	to catch	رَدَّدَ-يُردِّد	to repeat
عانَق-يُعانِق	to hug, embrace	شَعَرَ-يشعُر	to feel
صَعَدَ-يصعَد	تسلّق-يتسلّق	نور	light
عصا	cane, stick		

أ. إجابات قصيرة

١. أين كان اللصوص؟

....

٢. عن ماذا سألَت الزوجة زوجها؟

....

٣. ماذا فعل رئيس اللصوص؟

....

ب. اكتب جذور وأوزان الكلمات التالية.

فاستيقظ، وأيقظ، يُريدون، استمرّي، مكّنني، أعطانا، المُقمِرة، ونتسلّق، أعانِق، مقلوباً، المخدوع

ج. ما الفرق بين الكلمتين "استيقظ" و "أيقظ" في الوزن والمعنى؟

د. املأ الفراغات.

فعلت الزوجة ما طلب منها زوجها وسألَته .... يسمعون، فقال الرجل: "اسكتي، إن .... أعطانا هذا المال ويجب علينا أن نقنع بما أعطانا الله ولا .... أسئلة كثيرة." ثم سألته مرّة ....: "ولكن كيف حصلتَ على .... المال؟" فردّ الزوج: "أخاف اذا قلتُ لك .... يسمعني الناس، وأنا لا .... أن يعرف أحد سرّي." فقالت الزوجة: "ولكن مَن .... كلامنا في منتصف الليل، والناس .... في بيوتهم؟" قال الرجل: "كنت لصّاً وجمعتُ كل .... بالسرقة." قالت الزوجة: "وكيف كان ....؟" قال الزوج: "كنتُ أعرف سرّاً لا يعرفه أحد غيري، وذلك السرّ مَكّنني من السرقة .... دون أن يقبض علي أحد." قالت الزوجة: "وما ذلك السرّ؟" قال الرجل: "كنتُ أذهب في .... المُقمِرة مع أصحابي ونتسلّق بيوت الأغنياء ونبحث عن .... التي يدخل منها النور الى البيت، وعندما نجدها كنت أردّد .... 'شَولم' سبع مرّات دون أن يسمعني أحد، .... أعانق النور وأنزل الى البيت ولا يشعر .... بنزولي، ثم أسرق كل ما أريد وأقول 'شولم' سبع .... وأعانق النور مرّة ثانية وأصعد الى .... وأهرب مع أصحابي بسلام." ثم سكت .... وزوجته.

هـ. للمناقشة والإنشاء

كيف خدع الرجل الغنيّ اللصوص؟

اللصّ المتردّد

عمل رجل خادماً في بيت رجل غني، واتفق* مع واحد من أصدقائه على سرقة أشياء من ذلك البيت، فبدأ الصديق يجيء عندما يغيب أهل البيت، ويسرق الأشياء مع الخادم ويبيعها، ويأخذ كل منهما نصف الثمن.

في ليلة من الليالي خرج أهل البيت فجاء صديق الخادم وبدأ الاثنان يجمعان الأشياء لسرقتها ، وبينما هما مشغولان في ذلك دقّ صاحب البيت الباب الأمامي، وكان للبيت باب آخر لا يعرفه الصديق. فقال الخادم: "اهرب من الباب الذي عند البئر." وأشار بيده الى الباب. فذهب الصديق ووجد الباب ولكنه لم يجد البئر، فرجع الى الخادم وقال له: "وجدت الباب ولكن ما وجدت البئر." فقال الخادم: "لقد ذكرت لك البئر حتى تعرف اين الباب، اذا وجدت الباب أخرج بسرعة قبل أن يدخل صاحب البيت." فقال الصديق: "ولكن لماذا ذكرتَ البئر وهي ليست هناك؟" فقال له الصديق: "ايها الغبي، اهرب اذا وجدت الباب فلا حاجة لك بالبئر." فردّ الصديق:

"ولكن كيف أهرُب وقد حيّرتني* وذكرت بئراً هي ليست هناك؟" وبقي على هذا الحال يبحث عن البئر حتى دخل صاحب البيت فقبض عليه وضربه ثم أخذه الى حاكم المدينة.

كلمات جديدة

خادِم	servant	صَديق (ج. أصدِقاء) صاحِب (ج. أصحاب)،	friend
غاب-يغيب	to be absent	ثَمَن	price
دَقّ-يدُقّ	to knock	هرَب-يهرُب	to run away
بِئر	well	أشار-يُشير	to point
غَبيّ	stupid (person)	حاجة	need

أ. إجابات قصيرة

١. مَن كان يبيع الأشياء التي يسرقها الخادِم وصديقه؟

....

٢. مَن دقّ الباب الأمامي؟

....

٣. لماذا ذكر الخادم البئر لصاحبه؟

....

٤. ماذا حدث للخادم في نهاية القصّة؟

....

ب. اكتب جذور وأوزان الكلمات التالية.

خادماً، أصدقائه، أشياء، يَجْمَعان، الغَبِيّ، وأشار، حَيَّرتَني

ج. املأ الفراغات.

في ليلة من الليالي خرج أهل .... فجاء صديق الخادم وبدأ الاثنان يجمعان الأشياء لسرقتها ، وبينما هما .... في ذلك دقّ صاحب البيت الباب الأمامي، وكان للبيت .... آخر لا يعرفه الصديق. فقال الخادم: "اهرب من الباب الذي عند .... وأشار بيده الى .... فذهب الصديق ووجد الباب ولكنه لم يجد .... فرجع الى الخادم وقال له: "وجدت الباب ولكن ما .... البئر." فقال الخادم: "لقد ذكرت لك البئر حتى .... اين الباب، اذا وجدت الباب أخرج .... قبل أن يدخل صاحب البيت." فقال الصديق: "ولكن لماذا .... البئر وهي ليست هناك؟" فقال له الصديق: "ايها الغبي، اهرب اذا وجدت .... فلا حاجة لك بالبئر." فردّ الصديق: "ولكن كيف أهرُب وقد حيّرتني وذكرت بئراً هي .... هناك؟" وبقي على هذا الحال يبحث عن البئر .... دخل صاحب البيت فقبض عليه .... ثم أخذه الى حاكم ....

د. للمناقشة والإنشاء

لماذا لم يهرُب صديق الخادم؟

التاجر والصائغ

كان عند تاجر جوهر قيمته عالية وكان يريد أن يثقبه*، فاستأجر صائغاً أجرته مئة دينار في اليوم، وأخذه الى بيته ليثقب الجوهر. وكان في بيته صَنج. فقال للصائغ: "هل تعزف على الصنج؟" قال الصائغ: "نعم." وكان يعزف جيداً. فطلب منه التاجر أن يعزف، فأخذ الصائغ الصنج وعزف عليه عزفاً جميلاً، فطرب التاجر كثيراً، وطلب منه أن يستمرّ في العزف. وظل الصائغ يعزف والتاجر يميل الى اليمين واليسار من الطرب حتى غابت* الشمس. فقال الصائغ: "انتهى اليوم، أعطني الأجرة." فردّ التاجر: "وهل عملتَ شيئاً حتى أدفع لك أجرة؟" فقال الصائغ: "نعم، لقد عملتُ ما طلبتَ مني أن أعمل." وظل حتى أخذ المئة دينار وبقي الجوهر غير مثقوب*.

كلمات جديدة

cymbals	صَنْج	goldsmith	صائِغ
to sway	مال-يميل	to play (an instrument)	عَزَف-يعزِف
		fee, wage	أُجرة

أ. إجابات قصيرة

١. كم كانت أجرة الصائغ في اليوم؟

....

٢. هل يعزف الصائغ على الصنج؟

....

٣. ماذا فعل الصائغ طول اليوم؟

....

٤. هل أخذ الصائغ أجرته في ذلك اليوم؟

....

ب. املأ الفراغات.

كان عند تاجر جوهر قيمته .... وكان يريد أن يثقبه، فاستأجر صائغاً أجرته مئة .... في اليوم، وأخذه الى بيته ليثقب .... وكان في بيته صَنْج. فقال للصائغ: "هل تعزف .... الصنج؟" قال الصائغ: "نعم." وكان يعزف .... فطلب منه التاجر أن يعزف، فأخذ الصائغ الصنج .... عليه عزفاً جميلاً، فطرب التاجر .... ، وطلب منه أن يستمرّ في العزف. وظل .... يعزف والتاجر يميل الى .... واليسار من الطرب حتى غابت الشمس. فقال الصائغ: "انتهى .... ، أعطني الأجرة." فردّ التاجر: "وهل عملتَ شيئاً .... أدفع لك أجرة؟" فقال الصائغ: "نعم، لقد عملتُ ما طلبتَ .... أن أعمل." وظل حتى أخذ المئة دينار .... الجوهر غير مثقوب.

ج. للمناقشة والإنشاء

لماذا رفض التاجر أن يدفع للصائغ أجرته في البداية؟

باب الأسد والثور

الرجل الذي قتله الحائط

دخل رجل مكاناً فيه وُحوش كثيرة، فـهجم عليـه ذئب ضخم فخـاف ونظر الى اليمـين واليسار ليهرب فرأى قرية وراء نهر، فأسـرع اليهـا ورمى نفسـه في النهر، وكـان لا يسبـح* جيداً، وكـاد أن يغرَق، فـرآه أهل القريـة وأسرعوا الى النهر وأخرجوه، وكان على وشك الموت.

وبعد أن ذهب الناس رأى الرجل بيتاً بجانب النهر فذهب اليـه ليستريح*، فلما دخله وجد جماعة من اللصـوص يقتسمون* مالاً سرقوه من تاجر، وكانوا يريدون قتل التـاجر، فلما رأى الرجل ذلك خاف أن يقتلوه فخرج وأسـرع الى القرية وجلس بجانب حائط ليستريح فسقط عليه الحائط ومات."

كلمات جديدة

وَحش (ج. وُحوش)	beast, wild animal	ذِئب	wolf
ضَخْم	كبير جداً	كاد أن يَغرَق	almost drowned
على وشَك	be about to	حائِط	wall
سَقَط-يسقُط	وقَع، to fall		

أ. إجابات قصيرة

أين كانت القرية التي أسرع اليها الرجل؟

....

٢. مَن كان في البيت الذي دخله الرجل؟

....

٣. كيف مات الرجُل؟

....

ب. املأ الفراغات.

دخل رجل مكاناً فيه وُحوش ....، فهجم عليه ذئب ضخم فخاف ونظر الى اليمين .... ليهرب فرأى قرية وراء نهر، فأسرع اليها ورمى نفسه في ....، وكان لا يسبح جيداً، وكاد أن يغرَق، فرآه أهل .... وأسرعوا الى النهر وأخرجوه، وكان على .... الموت.

وبعد أن ذهب الناس رأى .... بيتاً بجانب النهر فذهب اليه ليستريح، فلما دخله وجد .... من اللصوص يقتسمون مالاً سرقوه من ....، وكانوا يريدون قتل التاجر، فلما رأى الرجل ذلك خاف أن يقتلوه .... وأسرع الى القرية وجلس بجانب حائط .... فسقط عليه الحائط ....".

ج. للمناقشة والإنشاء

القضاء والقدر (fate and divine decree) من أهمّ مواضيع قصص "كليلة ودمنة". اكتب فقرة أو فقرتين عن دور (role) القضاء والقدر في هذه القصّة.

القِرد والنجّار

كان نجّار يقطع خشباً* بِمنشار، وكان كلّما عمل شِقّاً في الخَشب وضع فيه وتَداً حتى لا يلتصق الخشب ببعضه. وكان قرد ينظر اليه فأعجبه ذلك، وبعد أن عمل النجار بعض الوقت ترك الخَشب وذهب ليستريح، فجاء القرد وجلس على خشبة فيها شِق ووتد، فنزل ذيله في الشق، ثم أخرج الوتد ليلعب به فأطبقت* الخشبة على ذيله، وبدأ يصيح من الألم، فسمعه النجار ورجع فوجده على الخشب، فغضب لأنه لعب بخشبه وضربه وصرفه*.

كلمات جديدة

نَجّار	carpenter	مِنشار	saw
شِقّ	cut	وَتَد	wedge
ذَيْل	tail	لَعِب-يلعَب	to play
أَلَم	وجَع، pain		

أ. إجابات قصيرة

١. لماذا كان النجّار يضع وتداً في الخشب؟

....

٢. لماذا صاح القِرد؟

....

٣. لماذا غضب النجّار؟

....

ب. جذور وأوزان

بمِنشار، يلتصق، فأعجبه، ليستريح

ج. املأ الفراغات.

كان نجّار يقطع خشباً بمنشار، وكان كلّما .... شِقّاً في الخَشب وضع فيه وتَداً .... لا يلتصق الخشب ببعضه. وكان قرد .... اليه فأعجبه ذلك، وبعد أن عمل .... بعض الوقت ترك الخَشب وذهب ليستريح، فجاء .... وجلس على خشبة فيها شِق ووتد، .... ذيله في الشق، ثم أخرج الوتد .... به فأطبقت الخشبة على ذيله، وبدأ يصيح من ....، فسمعه النجار ورجع فوجده على ....، فغضب لأنه لعب بخشبه .... وصرفه.

د. للمناقشة والإنشاء

يقول المثل العربي: مَن تدخّل فيما لا يعنيه، لقي ما لا يرضيه.
(He who places himself where he does not belong, will be met with what is unpleasant to him.)

أكتب فقرة قصيرة تعلّق (comment) فيها على المثل، أو تحكي قصّة مثل قصّة "القرد والنجّار".

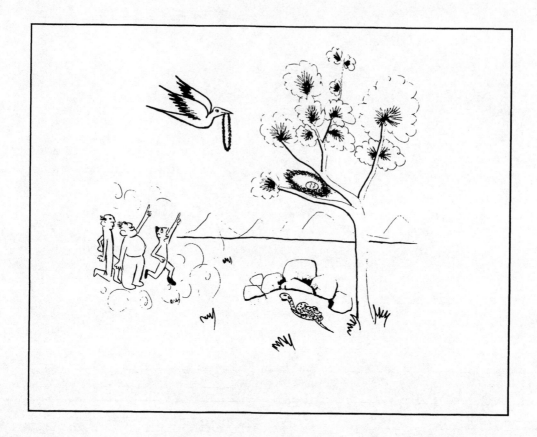

الغُراب والحيّة

يُحكى أن غُراباً* كان له عشّ في شجرة، وكان قريباً منه جُحر حيّة سوداء كبيرة. وكلّما فرّخ* الغراب جاءت الحية وأكلت فراخه، فحزن حزناً شديداً، وشكا ذلك الى صديقه ابن آوى، وقال له: "أريد مُشاورتك* في عمل قرّرت أن أعمله." فقال ابن آوى: "وما هو؟" قال الغراب: "قرّرت أن أذهب الى الحيّة وهي نائمة فأنقر عينيها حتى أستريح منها." قال ابن آوى: "هذا رأي خاطئ، ابحث عن طريقة تتخلّص* فيها من الحيّة دون أن يكون في ذلك خطر عليك. قال الغراب: "وما هي الطريقة؟" قال ابن آوى: "خُذ شيئاً ثميناً وطِر به والناس ينظرون اليك ثم ارمِه عند جُحر الحيّة، وعندما يراك الناس سيذهبون ليأخذوه فيرون الحية ويقتلونها." فطار الغُراب وحلّق* في السماء حتى رأى امرأة غنيّة تستحم* وبجانبها ثيابها وعِقد ثمين، فنزل وخطف العِقد وطار به الى جحر الحيّة، فتبعه* الناس، وعندما وصل الى الجُحر رمى العقد عليه والناس ينظرون. ولمّا حاولوا أخذ العِقد رأوا الحيّة فقتلوها.

كلمات جديدة

جُحْر	hole	حَيّة	snake
شكا-يشكو	to complain	ابن آوى	jackal
خاطِئ	wrong, mistaken	خَطَر	danger
ثَمين	valuable	طار-يطير	to fly
رَمى-يرمي	to throw	امرَأة	woman
ثِياب	clothes، مَلابس	عِقْد	necklace
خطَف-يخطِف	to snatch		

أ. إجابات قصيرة

١. لماذا حزن الغُراب؟

....

٢. ماذا كان يريد الغراب أن يفعل للانتقام من الحيّة؟

....

٣. ماذا قال ابن آوى للغراب عندما أخبره أنّه قد قرّر أن ينقر عيني الحيّة؟

....

٤. هل نجح الغراب في التخلّص من الحيّة؟

....

ب. طابِق بين الكلمة وعكسها.

قريب	بيضاء
سوداء	رخيص
خاطئ	فقير
ثمين	بعيد
غنيّة	صحيح

ج. املأ الفراغات.

يُحكى أن غراباً كان له عشّ في ....، وكان قريباً منه جُحر حيّة سوداء .... وكلّما فرّخ الغراب جاءت الحية وأكلت فراخه، فحزن .... شديداً، وشكا ذلك الى صديقه ابن آوى، وقال ....: "أريد مُشاورتك في عمل قرّرت .... أعمله." فقال ابن آوى: "وما هو؟" قال ....: "قرّرت أن أذهب الى الحيّة وهي نائمة فأنقر عينيها .... أستريح منها." قال ابن آوى: "هذا رأي ....، ابحث عن طريقة تتخلّص فيها من الحيّة دون أن يكون في ذلك .... عليك. قال الغراب: "وما هي الطريقة؟" قال ابن آوى: "خُذ شيئاً .... وطِر به والناس ينظرون اليك ثم ارمِه عند .... الحيّة، وعندما يراك الناس سيذهبون ليأخذوه فيرون .... ويقتلونها." فطار الغُراب وحلّق في السماء حتى رأى امرأة .... تستحم وبجانبها ثيابها وعِقد ثمين، فنزل وخطف العِقد وطار به .... جحر الحيّة، فتبعه الناس، وعندما وصل الى الجُحر رمى .... عليه والناس ينظرون. ولمّا حاولوا أخذ العِقد رأوا الحيّة ....

د. للمناقشة والإنشاء

كيف تخلّص الغراب من الحيّة؟

عَشّش طائر بحر في غابة فيها سمك كثير، فعاش فيها حتى صار عجوزاً ولم يستطع الصيد، فجاع كثيراً وجلس حزيناً يفكّر فيما يجب عمله، فمرّ سرطان ورآه حزيناً، فاقترب منه وسأله: "لماذا انت حزين ايها الطائر؟ فقال الطائر: كيف لا أحزن وقد كنتُ أعيش من صيد السمك الذي في الغابة، وقد رأيتُ اليوم صيّادَين قال واحد منهما لصاحبه: "في هذه الغابة سمك كثير، ما رأيك أن نصيده؟" فقال الثاني: "لقد رأيتُ في مكان كذا سمكاً أكثر فلنبدأ هناك، وعندما نصيد ذلك السمك نرجع ونصيد كلّ السمك الذي هنا." وقد قُلتُ في نفسي 'اذا جاء الصيّادان الى هذه الغابة وصادا السمك الذي فيها فسأموت من الجوع'." فذهب السرطان وأخبر السمك بما سمع، فجاءت السمك الى الطائر واستشارَتْه فيما يُمكن عمله، فقال الطائر: "انني لا أقدر على مُقاتلة* الصيّادين، ولكن عندي طريقة للنجاة منهما، فهناك غدير قريب فيه سمك وماء كثير، فإذا ذهبتن اليه فستنجون من الصيّادين." قالت السمك: "انت

وحدك تستطيع مُساعَدتنا* في ذلك."

ثم بدأ الطائر يحمل سمكتين كل يوم ويأخذهما الى جبل ويأكلهما. وفي يوم من الأيام رجع لأخذ سمكتين فجاء السرطان وقال له: "اني أخاف من البقاء في هذا المكان، فخذني الى ذلك الغدير"، فحمله الطائر الى الجبل الذي كان يأكل السمك عليه، فنظر السرطان ورأى العظام فعرف أن الطائر كان يأكل السمك ولم يأخذها الى الغدير، وأنه يريد أن يقتله ويأكله أيضاً، فقال في نفسه 'اذا وجد الرجل نفسه أمام الموت الأكيد فواجب عليه أن يُدافع* عن نفسه'، ثم هجم على الطائر وضغط على رقبته حتى قتله. ثم رجع الى جماعة السمك وأخْبَرَها* بما حدث.

كلمات جديدة

old (person)	عجوز	forest	غابة
such and such	كَذا	crab	سَرَطان
consulting	استِشارة	let's start	فلنَبْدأ
to escape	نَجا-ينجو	escape	نَجاة
bone	عَظْم (ج. عِظام)	remaining, staying	بَقاء
it is necessary that, duty	واجِب	certain	أكيد
		to squeeze	ضَغَط-يضغَط

أ. إجابات قصيرة

١. أين عاش طائر البحر؟

....

٢. ماذا فعل طائر البحر كل يوم؟

....

٣. ماذا كان ينوي أن يفعل بالسرطان؟

....

٤. كيف كانت نهاية طائر البحر؟

....

ب. اكتب معنى أو مُرادِف (synonym) الكلمة أو عكسها، كما في المثالين.

Write the meaning, a synonym, or the opposite of each of the following words. If it is the opposite, write عكس in parenthesis. The first two are given as examples.

عجوز شابّ (عكس)

يستطيع يقدِر

حزين، بدأ، غدير، نجا/ينجو، أمام

ج. املأ الفراغات.

عشّش طائر بحر في غابة فيها .... كثير، فعاش فيها حتى صار عجوزاً ولم .... الصيد، فجاع كثيراً وجلس حزيناً يفكّر فيما يجب عمله، فمرّ .... وراَه حزيناً، فاقترب منه وسأله: "لماذا انت .... ايها الطائر؟ فقال الطائر: كيف لا أحزن وقد كنتُ أعيش من صيد .... الذي في الغابة، وقد رأيتُ اليوم صيّادَين قال .... منهما لصاحبه: "في هذه الغابة سمك ....، ما رأيك أن نصيده؟" فقال الثاني: "لقد رأيتُ في مكان .... سمكاً أكثر فلنبدأ هناك، وعندما نصيد ذلك السمك .... ونصيد كلّ السمك الذي هنا." وقد قلت في .... 'اذا جاء الصيادان الى هذه الغابة وصادا السمك الذي فيها .... من الجوع'." فذهب السرطان وأخبر السمك بما ....، فجاءت السمك الى الطائر واستشارَتْه فيما يُمكن ....، فقال الطائر: "انني لا أقدر على مقاتلة الصيادين، ولكن عندي .... للنجاة منهما، فهناك غدير قريب فيه سمك .... كثير، فإذا ذهبتن اليه فستنجون من الصيّادين." قالت السمك: "انت وحدك .... مساعدتنا في ذلك."

د. للمناقشة والإنشاء

١. ماذا قال الطائر للسرطان عن سبب حزنه؟

٢. 'علّق على قول السرطان "اذا وجد الرجل نفسه أمام الموت الأكيد فواجب عليه أن يُدافع* عن نفسه."

الأسد والأرنَب

عاش أسد في أرض كثيرة الماء والعشب، وكان في تلك الأرض حيوانات كثيرة، ولكن كَثْرة الماء والعشب لم تنفع تلك الحيوانات لخوفها من الأسد. فاجتمعت وذهبت اليه وقالت: "إنّك تحصل على طعامك بعد تعب شديد، ونحن نعيش في خوف دائم، وعندنا رأي إذا وافقتنا* عليه فإنك ستعيش بدون تعب ونحن نعيش بدون خوف." قال الأسد: "وكيف ذلك؟" قالت الحيوانات: "اذا انتَ أمّنتنا* ولم نخف منك فسنرسل لك كل يوم واحداً منا في وقت غدائك." فقبل الأسد ذلك، وبدأت الحيوانات ترسل واحداً منها له كل يوم ليأكله.

وفي يوم من الأيام وقعت القرعة على أرنب* وصار غداء للأسد، فقال للحيوانات الأخرى: "عندي خطّة اذا وافقتم عليها فسنتخلّص* من الأسد." قالت الحيوانات: "وما هي تلك الخطة؟" قال الأرنب: "أريد من الحيوان الذي يأخذني للأسد السماح لي بأن أتأخّر* قليلاً." فوافقت الحيوانات على ذلك.

ثم تأخر الأرنب ووصل وحده الى الأسد بعد وقت غدائه. وكان الأسد قد جاع وغضب، فقال للأرنب: "لماذا تأخّرت؟" قال الأرنب: "أنا رسول* الحيوانات وقد بعثتني ومعي أرنب آخر هو غداؤك فتبعني أسد آخر في الطريق وأخذ الأرنب مني وقال 'أنا أحقّ بهذه الأرض وبالحيوانات التي فيها'، فقلت له 'هذا غداء الملك أرسلته معي الحيوانات فلا تُغْضبه'، فسبّك وشتمك فجئت مسرعاً لأخبرك." فقال الأسد: "اذهب معي وأرني ذلك الأسد." فذهب الأرنب الى بئر فيها ماء كثير صاف، وقال للأسد: "هذا المكان." فنظر الأسد في البئر ورأى ظلّه وظل الأرنب في الماء فَصدّق* ما قال الأرنب وقفز في البئر ليقاتل* الأسد الثاني، فغرق. ثم رجع الأرنب الى الحيوانات الأخرى وأخبرها بما فعل بالأسد.

كلمات جديدة

عُشْب	grass	نفَع-ينفَع	to benefit, be of use
قُرعة	lottery	خِطّة	plan
سَماح	(to give) permission	بعَثَ-يبعَث	أرسل-يرسِل
أحَقّ	more deserving	أغضَب-يُغضِب	to anger
سَبّ-يسُبّ، شَتَم-يشتُم	to curse, insult	أرى-يُري	to show
صافي	clear	ظِلّ	shadow, reflection
قَفَز-يقفِز	to jump	غرِق-يغرَق	to drown

أ. إجابات قصيرة

١. لماذا كانت الحيوانات خائفة؟

....

٢. الى أين ذهب الأرنب والأسد؟

....

٣. ماذا رأى الأسد في البئر؟

....

ب. استعمل الكلمات التالية في جُمَل.

أرنَب، خوْف، وافَق، أمّن، أرسل، تأخّر، ورأى

ج. املأ الفراغات.

ثم تأخّر الأرنب ووصل وحده الى الأسد .... وقت غدائه. وكان الأسد

قـد جـاع وغـضب، فقـال .... : "لماذا تأخّرت؟" قال الأرنب: "أنا رسـول

.... وقد بعثتني ومعي أرنب آخر هو غداؤك فتبعني .... آخر في

الطريق وأخذ الأرنب مني وقال 'أنا أحقّ بهذه .... وبالحيوانات التي فيها'،

فقلت له 'هذا غداء الملك أرسلته معي .... فلا تُغْضبه'، فسبّك وشتمك فجئت

.... لأخبرك." فقال الأسد: "اذهب مـعي وأرني .... الأسد." فذهب

الأرنب الى بئر فيها ماء .... صافٍ، وقال للأسد: "هذا المكان." فنظر الأسد

في .... ورأى ظلّه وظل الأرنب في .... فصدّق مـا قال الأرنب

وقفز في البئر ليقاتل .... الثاني، فغرق. ثم رجع الأرنب الى ....

الأخرى وأخبرها بما فعل بالأسد.

د. للمناقشة والإنشاء

كيف تخلّص الأرنب من الأسد؟

٢٨

السمكات الثلاث

عاشت ثلاث سمكات في غدير، وكانت واحدة منهنّ ذَكيّة وواحدة أذكى منها والثالثة غَبيّة. وكان بالقرب من الغدير نهر كبير. في يوم من الأيام مرّ صيّادان ورأيا الغدير واتّفقا على الرجوع لصيد السمك الذي فيه. فسمعَت السمكات الثلاث كلامهما، وخافت أذكى سمكة وهربت الى النهر دون انتظار*. أمّا السمكة الذكيّة فبقيت في الغدير حتى جاء الصيّادان، فلما رأتهما وعرفت أنهما يريدان صيدها هربَت الى المكان الذي خرجت منه السمكة الأولى فوجدته مَسدوداً فقالت: "لقد أخطأتُ في الانتظار وهذه نتيجة خطأي، فماذا أفعل الآن؟" ثم فكّرت في طريقة للخروج فتظاهرت* أنّها ميّتة، وطفت على وجه الماء، فأخذها الصيّادان ووضعاها على الأرض بين النهر والغدير، فقفزت الى النهر وهربت. أما السمكة الغبيّة فحاولت الخروج من الغدير ولكنها وقعت في شِباك الصيّادين.

كلمات جديدة

clever	ذكيّ	to live	عاش-يعيش
to float	طفا-يطفو	result	نتيجة
		face, surface	وجه

أ. إجابات قصيرة

١. أين عاشَت السمكات الثلاث؟

....

٢. أين كان النهر الكبير؟

....

٣. مَن مرّ بالقُرب من الغدير؟

....

٤. كيف هربَت السمكة الأولى؟

....

٥. كيف هربَت السمكة الثانية؟

....

٦. ماذا حدث للسمكة الثالثة؟

....

ب. جذور وأوزان

ذكيّة، أذكى، كلامهما، انتِظار، يُريدان، الأولى، وجه، فحاولَت، وقعَت

ج. استعمل الكلمات التالية في جُمَل.

ذكي، نهر، اتّفق، انتظار، مسدود، أخطأ، ميّت

د. املأ الفراغات.

عاشت ثلاث سمكات في ....، وكانت واحدة منهنّ ذكية وواحدة أذكى منها والثالثة .... وكان بالقرب من الغدير نهر كبير. في .... من الأيام مرّ صيّادان ورأيا الغدير واتّفقا .... الرجوع لصيد السمك الذي فيه. فسمعت .... الثلاث كلامهما، وخافت أذكى سمكة وهربت الى .... دون انتظار. أما السمكة الذكيّة فبقيت في الغدير .... جاء الصيّادان، فلما رأتهما وعرفت أنهما يريدان صيدها .... الى المكان الذي خرجت منه السمكة الأولى فوجدته .... فقالت: "لقد أخطأتُ في الانتظار وهذه .... خطأي، فماذا أفعل الآن؟" ثم فكّرت في .... للخروج فتظاهرت أنها ميتة، وطفت على وجه ....، فأخذها الصيّادان ووضعاها على الأرض بين .... والغدير، فقفزت الى النهر وهربت. أما .... الغبية فحاولت الخروج من الغدير ولكنها وقعت .... شباك الصيّادين.

القملة والبرغوث

عـاشت قَـملة في فـراش رجل غنيّ مدة طويلة، وكـانت تمتصّ* من دمـه وهو نـائم ولا يشعر بـهـا لأنها كانت تمشي بهُدوء. وفي ليلة من الـلـيـالي زارهـا بَرغوث*، فطلبَت منه أن ينام عندها في تلك الليلة "في فراش طريّ ودم طيّب"، فقبل البـرغوث ذلك. وعندمـا نام الرجل قفز عليه البـرغوث وعضّه، فـاستيقظ الرجل وفتّش فراشه فوجد القملة فأخذها وقتلها، ولكن البرغوث كان أسرع من القملة فهرب واختبأ*.

كلمات جديدة

قَملة	louse	دَم	blood
هُدوء	quiet, silence	فِراش	bed, bedding
طَري	soft	عَضّ-يعُضّ	to bite

أ. إجابات قصيرة

١. لماذا لم يشعر الرجل الغنيّ بالقملة؟

....

٢. ماذا طلبَت القملة من البرغوث؟

....

٣. لماذا استيقظ الرجُل؟

....

ب. جذور وأوزان

غَنيّ، تَمتَصّ، بهدوء، فاستيقظ، واختَبأ

ج. استعمل الكلمات التالية في جُمَل.

فِراش، شَعَر-يشعُر، ليلة من الليالي، قفَز-يقفِز، طلَب-يطلُب، أسرع

د. املأ الفراغات.

عاشت قملة في فراش رجل .... مدة طويلة، وكانت تمتصّ من دمه وهو .... ولا يشعر بها لأنها كانت تمشي بهدوء. وفي ليلة من الليالي زارها ....، فطلبَت منه أن ينام عندها في تلك .... "في فراش طريّ ودم طيّب"، .... البرغوث ذلك. وعندما نام الرجل .... عليه البرغوث وعضّه، فاستيقظ الرجل .... فراشه فوجد القملة فأخذها وقتلها، ولكن البرغوث .... أسرع من القملة فهرب واختبأ.

الأسد وأصحابه

١

كان أسد يعيش في غابة بجانبها طريق، وكان له ثلاثة أصحاب: ذئب وغراب وابن آوى. وفي يوم من الأيام مرّ رجال ومعهم جمال، فتأخّر جمل ودخل الغابة ومشى حتى جاء الى مكان الأسد، فقال له الأسد: "من اين جِئت؟" قال الجمل: "من مكان كذا." قال الأسد: "وماذا تُريد؟" قال الجمل: "ما يأمرني به الملك." قال الأسد: "إبقَ هنا ضيفاً عندي في الغابة وعِش في أمن وسلام." فعاش الجمل مع الأسد وقتاً طويلاً.

في يوم من الأيام خرج الأسد للصيد، فالتقى بفيل قويّ وتقاتلا* قِتالاً شديداً، وجُرح الأسد ومرض ولم يستطع الصيد، فجاع الذئب والغراب وابن آوى لأنهم كانوا يأكلون من بقايا طعامه، وعرف الأسد ذلك فقال: "لا بدّ أنّكم جائعون وتحتاجون الى الطعام." قالوا: "نعم، ولكن لا تَهمّنا أنْفُسنا، وسنفعل* ما يريد الملك ونبحث له عن طعام." قال الأسد: "اذهبوا وحاولوا أن تصيدوا شيئاً حتى آكل وتأكلون." فخرج الذئب والغراب وابن آوى وذهبوا الى مكان قريب وتشاوروا* فيما بينهم، فقالوا: "ما الفائدة من بقاء هذا الجمل آكل العشب بيننا، فهو ليس منا، لِنَذهب الى الأسد

ونُقنعـه بأنْ يقتله حتى نأكل ويأكل هو." قال ابن آوى: "لا نستطيع أنْ نذكر ذلك
للأسد لأنه أمّن الجمل على حيـاته ولا يمكن أنْ يخـونه." قـال الغـراب: "أنا أستطيع
إقناع الأسد بذلك."

كلمات جديدة

		remain, stay! (imperative of بَقِي-يَبقى)	إبقَ
		live! (imperative of عاش-يعيش)	عشْ
security, safety	أمْن	to order	أمَر-يأمُر
left-overs	بَقايا	to be wounded	جُرِح
benefit, use	فائدة	to concern, be of interest to	هَمّ-يهُمّ
to convince	أَقْنَع-يُقنِع	grass-eater	آكِل العُشب
		to betray	خان-يخون

أ. إجابات قصيرة

١. مَن كان يعيش مع الأسد في الغابة قبل قدوم الجمل؟

....

٢. ماذا فعل الأسد بالجمل عندما جاء الى الغابة؟

....

٣. ماذا حدث للأسد عندما التقى بالفيل؟

....

٤. على ماذا اتّفق الغراب وابن آوى والذئب عندما خرجوا للصيد؟

....

٥. مَن يمكنه إقناع الأسد بقتل الجمل؟

....

ب. استعمل الكلمات التالية في جُمَل.

ضيف، سلام، التقى-يلتقي، احتاج-يحتاج، فائدة

ج. املأ الفراغات.

كان أسد يعيش في غابة بجانبها ....، وكان له ثلاثة أصحاب: ذئب

.... وابن آوى. وفي يوم من الأيام مرّ رجال ومعهم ....، فتأخّر

جمل ودخل الغابة ومشى حتى جاء الى .... الأسد، فقال له الأسد: "من اين

جئت؟" قال ....: "من مكان كذا." قال الأسد: "وماذا تريد؟" قال الجمل: "ما

يأمرني به ...." قال الأسد: "إبقَ هنا ضيفاً عندي في .... وعِش

في أمن وسلام." فعاش الجمل مع الأسد وقتاً ....

٢

ذهب الغراب الى الأسد فسأله الأسد: "هل صِدتم شيئاً؟" قال الغراب: "لم نقدر بسبب الجوع، ولكن اتّفقنا على رأي، إذا وافق عليه الملك فسنأكل دون بحث وتعب." قال الأسد: "وما هو الرأي؟" قال الغراب: "إن هذا الجمل آكل العشب يعيش بيننا، يأكل ويشرب ولا فائدة لنا منه، لماذا لا نقتله ونأكله؟" فغضب الأسد وقال: "ما أخطأ رأيك، وما أقلّ وفاؤك ورحمتك! كيف تقول هذا الكلام عن الجمل وقد أمّنتُه على حياته، وليس هناك أعظم أجراً من تأمين نفس خائفة." قال الغراب: "أنا أعرف ذلك ايّها الملك، ولكن النفس الواحدة فداء لأهل البيت وأهل البيت فداء للقبيلة* والقبيلة فداء لأهل البلد وأهل البلد فداء للملك، والملك الآن في حاجة، وأنا أريد أن

أساعده." سكت الأسد عندما سمع جواب الغراب، فعرف الغراب أنه لن يعترض* على قتل الجمل.

ثم ذهب الغراب الى صاحبيه وأخبرهما بحديثه* مع الأسد، وقال لهما: "سنذهب نحن والجمل الى الأسد ونذكر مرضه وجوعه واهتمامنا* به، ثم يطلب كل واحد منا من الأسد أن يأكله فيردّ الآخران بأن ذلك رأي خاطئ.

ثم ذهبوا الى الأسد ومعهم الجمل. وعندما وصلوا قال الغراب: "أنّ ملكنا جائع وبحاجة الى الطعام، وحياتنا فِداء له، ولا بَقاء لنا بدونه، إنني أقدّم* نفسي له حتى يأكلني." فأجابه الذئب وابن آوى: "أسكت، فلا خير فيك، إن جسمك صغير ولا يشبع الملك." ثم قال ابن آوى: "أنا أشبع الملك، وأقدّم نفسي له حتى يأكلني." فردّ عليه الغراب والذئب: "إنك قذِر، ورائحتك قذرة." ثم قال الذئب: "إنّ جمسي أكبر من جسم ابن آوى ومن جسم الغراب ورائحتي نظيفة، أنا أقدّم نفسي للملك حتى يأكلني." فردّ عليه الغراب وابن آوى: "قال الأطباء 'من أراد قتل نفسه فليأكل لحم ذئب.'"

عندما رأى الجمل أصحاب الأسد يقدّمون أنفسهم له ظنّ أنّه إذا قدّم نفسه فسيرضى منه الأسد وسيجد له الغراب وابن آوى والذئب عُذراً حتى لا يقتله. فقال: "إنّ لحمي طيّب وكثير وبطني نظيف، وأقدّم نفسي للملك حتى يأكلني ويُطعم أصحابه، وأنا راضٍ بذلك." فقال الغراب وابن آوى والذئب: "لقد صدق الجمل وكرُم." ثم هجموا عليه وقتلوه.

كلمات جديدة

صاد-يصيد	to hunt	ما أخطأ!	how wrong!
وَفاء	loyalty	رَحمة	compassion
أَجْر	reward	فِداء	sacrifice
رَدّ-يرُدّ	to respond	بَقاء	staying (alive) ،حياة
أشبَع-يُشبِع	to satisfy, fill	قَذِر	dirty ،وسِخ
رائحة	smell	رَضي-يرضى	to be content
عُذْر	excuse	بَطْن	stomach, inside
أطعَم-يُطعِم	to feed	كَرُم-يكرُم	to be generous

أ. إجابات قصيرة

١. لماذا غضب الأسد من الغُراب؟

....

٢. هل قدّم كلّ أصحاب الأسد أنفسهم له ليأكلهم؟

....

٣. كيف نجا الغراب وابن آوى والذئب من الموت؟

....

٤. مَن مات في النهاية؟

....

ب. جذور وأوزان

اتّفقنا، آكِل، فائدة، واهتمامنا، خاطِئ، أُقدِّم، راضٍ

ج. املأ الفراغات

ذهب الغراب الى الأسد فسأله ....: "هل صِدتم شيئاً؟" قال الغراب: "لم نقدر بسبب ....، ولكن اتّفقنا على رأي، إذا وافق عليه الملك فسنأكل .... بحث وتعب." قال الأسد: "وما هو الرأي؟" قال ....: "إن هذا الجمل آكل العشب يعيش بيننا، يأكل .... ولا فائدة لنا منه، لماذا لا نقتله ...." فغضب الأسد وقال: "ما أخطأ رأيك، وما أقلّ وفاءك ....! كيف تقول هذا الكلام عن الجمل وقد أمّنتُه على ....، وليس هناك أعظم أجراً من تأمين نفس خائفة." قال الغراب: "أنا .... ذلك ايّها الملك، ولكن النفس الواحدة فداء لأهل .... وأهل البيت فداء .... والقبيلة فداء لأهل .... وأهل البلد فداء ....، والملك الآن في حاجة، وأنا أريد أن ...." سكت الأسد عندما سمع .... الغراب، فعرف الغراب أنه لن يعترض على قتل ....

د. للمناقشة والإنشاء

١. كيف أقنع الغراب الأسد بقتل الجمل؟

٢. كيف أقنع الغراب وابن آوى والذئب الجمل بتقديم نفسه للأسد ليأكله؟

٣. أعِد كتابة قصّة الأسد وأصحابه بشكل حوار أو حديث بين الحيوانات الخمسة.

عاشت بَطّتان قرب غدير فيه سُلَحْفاة، وكان بين البطتين والسلحفاة صَداقة* قويّة. وفي يوم من الأيام جاءت البطتان الى السلحفاة وقالتا: "إنّ الماء نقص في الغدير، ونريد أن نطير الى مكان آخر." فقالت السلحفاة: "إنّ نقصان الماء أصعب علي، فأنا مثل السفينة* لا أقدر على العيش الا بالماء." وطلبت أن تذهب مع البطتين، فوافقتا.

ثم قالت السلحفاة: "وكيف أذهب؟" قالت البطتان: "نقبض بطرَفَي عصاً وتقبضين بفمك على وسطه ونطير بك في الجوّ، ولكن لا تفتحي فمك أبداً فإذا فتحتِه ستَقعين وتموتين." ثم طارت البطتان والسلحفاة مُعلَّقة* من العصا.

مرّت البطتان والسلحفاة عن بعض الناس فقالوا: "عَجيب، بطتان تَحْمِلان* سلحفاة!" فلما سمعت السلحفاة ذلك فتحت فمها لتسبّهم فوقعت على الأرض وماتت.

كلمات جديدة

بَطّة	duck	سُلَحْفاة	turtle
نقَص-ينقُص	to decrease, go down	طرَف	end
قبَض-يقبَض	to hold	فَم	mouth
عَجيب	strange		

أ. إجابات قصيرة

١. أين عاشت السلحفاة؟

....

٢. لماذا قرّرت البطّتان الطيران الى مكان آخر؟

....

٣. لماذا ماتت السلحفاة؟

....

ب. اكتب مُرادف أو معنى أو عكس كل من الكلمات التالية.

نقَصَ، نُقْصان، أصْعَب، وافَق، فَتَح

ج.

عاشت بَطّتان قرب غدير فيه سُلَحْفاة، وكان .... البطتين والسلحفاة صداقة قويّة. وفي .... من الأيام جاءت البطتان الى السلحفاة وقالتا: "إنّ .... نقص في الغدير، ونريد أن نطير الى مكان ...." فقالت السلحفاة: "إنّ نقصان الماء أصعب علي، فأنا مثل .... لا أقدر على العيش الا بالماء." وطلبت أن تذهب مع ....، فوافقتا.

ثم قالت السلحفاة: "وكيف ....؟" قالت البطتان: "نقبض بطرَفَي عصاً وتقبضين بفمك على .... ونطير بك في الجوّ، ولكن لا تفتحي فمك أبداً .... فتحتِه ستقعين وتموتين." ثم .... البطتان والسلحفاة مُعلّقة من ....

مرّت البطتان والسلحفاة عن بعض .... فقالوا: "عَجيب، بطتان تحملان ....!" فلما سمعت السلحفاة ذلك .... فمها لتسبّهم فوقعت على الأرض ....

هـ. للمناقشة والإنشاء

كيف ستذهب السلحفاة الى المكان الآخر؟

الطائر والقرود

عاشت جماعة من القرود على جبل، وفي ليلة من الليالي الباردة بحثَت عن نار حتى تدفأ من البرد فَرأَت يراعة فظنَّت أنّها نار، وجمعَت حطباً كثيراً ووضعَتـه عليها، وبدأت تنفُخ حتى تشتعل* النار. وكان طائر في شجرة قريبة ينظر الى القرود ويرى ما تفعَل، فبدأ ينادي ويقول: "لا تُتعِبْنَ أنفسكنّ، فهذه يراعة وليسَت ناراً." ولكن القُرود لم تنتبه لِما قال. فمرّ رجل وقال للطائر: "لا تُحاول تقويم* ما لا يستقيم*"، ولكنّ الطائر رفض نصيحة الرجل واقترب من القرود حتى تسمعه جيّداً، فأخذه قرد وضربه بالأرض فمات."

كلمات جديدة

نــار	fire	دفـئ-يـدفـأ	to get warm
يَـراعـة	firefly	نَـفَـخ-يـنـفُـخ	to blow
نـصـيـحـة	advice		

أ. إجابات قصيرة

١. لماذا بحثت القرود عن نار ؟

....

٢. ماذا قال الطائر للقرود؟

....

٣. ماذا قال الرجل للطائر ؟

....

٤. ماذا فعل القرد بالطائر ؟

....

ب. جذور وأوزان

البارِدة، فَظَنَّت، ووضَعَته، تشتَعِل، طائر، يُنادي، تُتْعِبْنَ، تقويم، يستقيم، واقتَرَب

ج. املأ الفراغات.

عاشت جماعة من القرود على ....، وفي ليلة من الليالي الباردة بحثَت عن .... حتى تدفأ من البرد فرأت يراعة .... أنّها نار، وجمعَت حطباً .... ووضعَته عليها، وبدأت تنفُخ حتى تشتعل .... وكان طائر في شجرة قريبة ينظر الى .... ويرى ما تفعَل، فبدأ ينادي ويقول: "لا تُتعِبْنَ أنفسكنّ، فهذه .... وليسَت ناراً." ولكن القُرود لم تنتبه لما .... فمرّ رجل وقال للطائر: "لا تُحاول تقويم ما لا ...."، ولكنّ الطائر رفض نصيحة .... واقترب من القرود حتى تسمعه ....، فأخذه قرد وضربه بالأرض ...."

د. للمناقشة والإنشاء

اكتب فقرة قصيرة تعلّق فيها على قول الرجُل: "لا تُحاول تقويم ما لا يستقيم".

اشترك رجلان في تجارة، وكان واحد منهما خدّاع والآخَر مُغَفّل*. في يوم من الأيّام سافرا الى مدينة أخرى. وبينما هما في الطريق وجد المغفل كيساً فيه الف دينار فرجع الرجلان الى مدينتهما، وعندما اقتربا منها قعدا تحت شجرة لاقتسام* المال، فقال المغفّل: "خُذ نصف المال واعطني نصفه." وكان الخدّاع قد قرّر في نفسه أن يأخذ الألف دينار كلها. فقال للمغفل: "ولماذا نقسم المال؟ إنّ الشِركة أفضل. ليأخذ كل منّا مبلغاً قليلاً وندفن الباقي تحت هذه الشجرة، فهو مكان أمين، وعندما نحتاج مالاً نجيء ونأخذ ما نحتاج اليه دون أن يعلم بنا أحد." ثم أخذ كل منهما مبلغاً* صغيراً ودفنا الباقي تحت الشجرة ورجع كل منهما الى بيته. لكن الخدّاع رجع الى الشجرة بعد وقت قصير وسرق المال كله.

مرّت عدة شهور فجاء المغفّل للخدّاع وقال له: "لقد احتجتُ بعض المال، اذهب معي الى الشجرة." فذهبا وحفرا تحت الشجرة فلم يجدا شيئاً، فبدأ الخدّاع يلطم على وجهه ويقول للمغفل: "أنت سرقت المال." فحلف المغفل ولعن مَن أخذ المال، فقال الخدّاع: "انتَ أخذتَ المال، لأنّه لا يعلم به أحد الا انتَ وأنا." واستمرّ يلطم ويتّهم المغفّل أنّه سرق المال والمغفل يقول إنه لم يسرقه. ثم ذهبا الى القاضي فقال الخدّاع إن شريكه أخذ المال، وأنكر * المغفل ذلك، ثم قال القاضي للخدّاع: "هل عندك دليل على أنّ شريكك أخذ المال؟" قال الخدّاع: "نعم، الشجرة التي كان المال تحتها تشهد أنه أخذه." وكان قد طلب من أبيه أن يختبئ* في الشجرة حتّى اذا سألها أحد سؤالاً أجاب هو.

عندما سمع القاضي كلام الخدّاع تعجّب وذهب هو وأصحابه والخدّاع والمغفل الى الشجرة. ولمّا وصلوها سألها القاضي عن المال، فقال أبو الخدّاع من داخل الشجرة إن المغفل أخذه. فلمّا سمع القاضي ذلك زاد تَعَجّبه وأمر أصحابه أن يحرقوا الشجرة، فأشعلوا النار حولها، فصاح أبو الخدّاع وطلب أن يخرجوه منها، فأخرجوه وقد اقترب من الموت، فسأله القاضي عن القصّة فأخبره، فضرب القاضي الخدّاع وأباه وفضحه أمام الناس وأمره أن يدفع كل المال للمغفّل.

كلمات جديدة

partnership	شـركة	crook, cheat	خَدّاع
to slap	لطَم-يلطُم	to bury	دفَن-يدفِن
to curse, damn	لعَن-يلعَن	to swear, make an oath	حلَف-يحلِف
judge	قاضي	to accuse	اتّهم-يتّهم
to answer	أجاب-يُجيب ردّ-يرُدّ،	to be a witness	شَهِد-يشهَد
to burn, set on fire	حرَق-يحرِق	to wonder	تعجّب-يتعجّب

٤٧

أ. إجابات قصيرة

١. ماذا وجد المغفّل؟

....

٢. هل اقتسم المغفّل والخدّاع كلّ المال؟

....

٣. أين دفنا المال؟

....

٤. بماذا اتّهم الخدّاع المغفّل؟

....

٥. مَن أخذ المال في النهاية؟

....

ب. استعمل الكلمات التالية في جُمَل.

اقترب-يقترب، خدّاع، احتاج-يحتاج، علم-يعلم، دليل، شريك، سؤال، تعجّب، يدفع

ج. املأ الفراغات.

اشترك رجلان في تجارة، وكان .... منهما خدّاع والآخَر مغفّل. في يوم .... الأيّام سافرا الى مدينة أخرى. .... هما في الطريق وجد المغفل كيساً .... الف دينار فرجع الرجلان .... مدينتهما، وعندما اقتربا .... قعدا تحت شجرة لاقتسام المال، فقال المغفّل: "خُذ .... المال واعطني نصفه." وكان الخدّاع قد قرّر .... نفسه أن يأخذ الألف دينار كلها. فقال للمغفل: ".............. نقسم المال؟ إنّ الشِركة أفضل. ليأخذ .... منّا مبلغاً قليلاً وندفن الباقي .... هذه الشجرة، فهو مكان أمين، وعندما نحتاج مالاً نجيء ونأخذ .... نحتاج اليه دون أن يعلم بنا ...." ثم أخذ كل منهما مبلغاً صغيراً ودفنا الباقي .... الشجرة ورجع كل منهما .... بيته. لكن الخدّاع رجع .... الشجرة بعد وقت قصير وسرق .... كله.

د. للمناقشة والإنشاء

١. لماذا اقترح الخدّاع دفن المال؟

٢. لماذا طلب الخدّاع من أبيه أن يختبئ في الشجرة؟

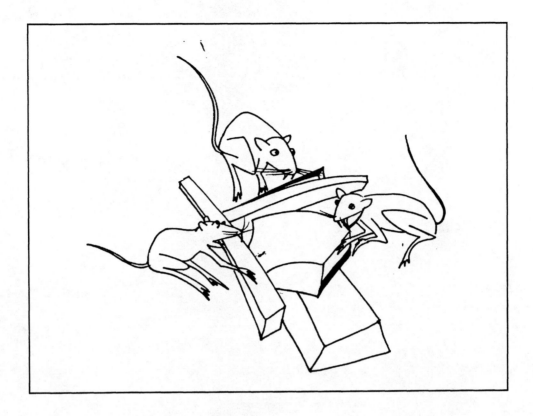

الجُرذان والحديد

كان عند تاجر حَديد* كثير، وأراد أن يسافر الى مدينة أخرى، فترك الحديد عند واحد من أصحابه وسافر. وبعد مدة رجع وطلب الحديد، فقال له صاحبه: "قد أكلته الجُرذان." قال التاجر: "سمعت أنّ أسنان الجرذان قويّة جداً." ففرح الرجل لأنّ التاجر صدّق ما قال. ثم خرج التاجر فوجد ابناً للرجل فأخذه الى بيته. وفي اليوم التالي جاء الرجل الى بيت التاجر وسأله: "هل تعرف اين ابني؟" فقال له التاجر: "نعم، عندما خرجت من بيتك أمس رأيت بازياً قد خطَف* ولداً وطار به، رُبّما ذلك الولد ابنك." فلطم الرجل على وجهه وقال: "ايها الناس، هل سمعتم أو رأيتم بازياً يخطِف ولداً؟ فقال التاجر: "نعم. إنّ الأرض التي تأكل جرذانها الحديد يمكن أن يخطف البازي فيها فيلاً." قال الرجل: "أنا سَرقتُ حديدك، وهذا ثمنه وأرْجِع لي ابني."

كلمات جديدة

جُرَذ (ج. جُرذان)	rat	سِنّ-أسنان	tooth
بازي	falcon		

أ. إجابات قصيرة

١. أين ترك التاجر الحديد؟

....

٢. ماذا قال صاحب التاجر عندما طلب التاجر منه الحديد؟

....

٣. لماذا فرح صاحب التاجر؟

....

٤. أين كان ابن صاحب التاجر؟

....

ب. استعمل الكلمات التالية في جُمَل.

أسنان، فَرِح-يَفرَح، صدّق-يصدّق، التالي، ثَمَن

ج. املأ الفراغات.

كان عند تاجر حديد كثير، وأراد .... يسافر الى مدينة أخرى، فترك الحديد عند واحد .... أصحابه وسافر. وبعد مدة رجع وطلب الحديد، فقال صاحبه: "قد أكلته الجُرذان." قال التاجر: "سمعت .... أسنان الجرذان قويّة جداً." ففرح الرجل .... التاجر صدّق ما قال. ثم خرج التاجر فوجد ابناً للرجل فأخذه .... بيته. وفي اليوم التالي جاء الرجل .... بيت التاجر وسأله: "هل تعرف .... ابني؟" فقال له التاجر: "نعم، .... خرجت من بيتك أمس رأيت بازياً قد .... ولداً وطار به، رُبّما ذلك الولد ابنك." فلطم الرجل .... وجهه وقال: "ايها الناس، هل سمعتم .... رأيتم بازياً يخطف ولداً؟ فقال التاجر: ".............. إنّ الأرض التي تأكل جرذانها الحديد يمكن .... يخطف البازي فيها فيلاً." قال الرجل: ".............. سرقتُ حديدك، وهذا ثمنه وأرجع .... ابني."

د. للمناقشة والإنشاء

كيف أجبَر (forced) التاجر صاحبه على الاعتراف بأنّه سرق الحديد؟

الأسد والثور

١

خرج رجل للبحث عن عمل، وكان معه خادم وعَرَبة يجرّها ثوران، واحد اسمه "شَنزَبة" والثاني "بندبة". ثم جاء الى مكان فيه وحل كثير، فوقع شَنزَبة في الوحل ولم يتمكّن الرجل من إخراجه، فتركه وترك خادمه عنده لينتظر حتى ينْشَف* الوحل ويخرج الثور منه.

انتظر الرجل ليلة عند الثور فملّ الانتظِار وترَك الثور، وعندما لحق بصاحبه أخبره أن الثور مات.

أما الثور فقد خرج من الوحل ومشى حتى جاء الى سهل فيه عشب وماء كثير، فأكل وشرب حتى سَمِن. وبعد أن سمِن وأمِن بدأ يخور بصوت عالٍ. وكان بجانب السهل غابة فيها أسد عظيم هو ملكها ومعه وحوش كثيرة من ذئاب وبنات آوى وثعالب وفهود ونمور. وكان الأسد لا يسمع رأي تلك الوحوش ولا يأخذ بنصيحتها مع أنّها تجيء له بالطعام وهو لا يترك مكانه. وفي يوم من الأيام سمع خوار الثور فخاف لأنه لم يرَ ثوراً ولم يسمع خوار ثور في حياته.

وكان من بين وحوش الغابة ابن آوى اسمه دمنة وصاحب له اسمه كليلة. كان

دمنة صاحب ذكاء وعلم وأدب، فقال لصاحبه كليلة:

دمنة: يا أخي، لماذا يبقى الأسد في مكانه لا يخرج للصيد ولا يتحرّك*؟

كليلة: لماذا تسأل هذا السؤال؟ نحن نعمل ما يحبّ الملك ونترك ما يكرهه*، ولسنا من أصحاب المرتبة* العالية الذين يفكّرون في أمور المُلك. لا تفكر مثل هذا التفكير، ولا تتدخل في تلك الأمور، فإن من تدخّل في ما لا يعنيه أصابه ما أصاب القرد من النجّار.

كلمات جديدة

عَرَبة	cart	جَرّ-يجُرّ	to pull
ثَوْر	bull, ox	وَحْل	mud
مَلّ-يمَلّ	to be bored with	لَحِق-يلحَق	to catch up with
سَهْل	meadow, plain	سَمِن-يسمَن	to become fat
خار-يخور	to low, moo	بَنات آوى	(ج. ابن آوى)
ثَعْلَب (ج. ثعالِب)	fox	فَهْد (ج. فُهود)	leopard
نَمِر (ج. نُمور)	tiger	أدَب	culture, literary knowledge
أمْر (ج. أُمور)	matter, affair	تَدَخَّل-يتدخَّل	to interfere
عَنى-يَعني	to concern	هَمّ-يهُمّ، أصاب-يُصيب	to befall, happen to

أ. إجابات قصيرة

١. ماذا حدث للثور شَنزَبة؟

....

٢. ماذا قال الخادم لصاحب شَنزَبة عندما لحق به؟

....

٣. ماذا فعل شَنزَبة بعد أن تركه الخادم؟

....

٤. مَن كان ملك الغابة التي بجانب السهل؟

....

٥. مَن كان يجيء للأسد بالطعام؟

....

٦. مَن هما كليلة ودمنة؟

....

ب. استعمل الكلمات التالية في جُمَل.

ملّ-يمَلّ، أخبر-يُخبِر، مع أنّ، ترك-يترك، أدَب، سأل-يسأل، أُمور، تدخّل-يتدخّل

ج. املأ الفراغات.

أما الثور فقد خرج من الوحل .... حتى جاء الى سهل فيه عشب وماء ....، فأكل وشرب حتى سمن. وبعد أن .... وأمِن بدأ يخور بصوت عالٍ. وكان بجانب .... غابة فيها أسد عظيم هو ملكها ومعه وحوش .... من ذئاب وبنات آوى وثعالب وفهود ونمور. وكان الأسد لا .... رأي تلك الوحوش ولا يأخذ بنصيحتها .... أنّها تجيء له بالطعام وهو لا يترك .... وفي يوم من الأيام سمع خوار .... فخاف لأنّه لم يرَ ثوراً ولم .... خوار ثور في ....

د. للمناقشة والإنشاء

بماذا نصح كليلة صاحبه دمنة عندما انتقد دمنة الأسد؟

٢

دمنة: قد سمعت كلامك، ولكن قد يفرح بعض الناس بالقليل، مثل الكلب الذي يفرح للعظمة اليابِسة*. ومَن عاش وكان من أهل الفضل والمال فإنّ عمره طويل وإنْ كان قصيراً، ومَن عاش فقيراً بَخيلاً فالموت أفضل له.

كليلة: لقد فهمتُ ما قلتَ، وأرجوك أن تفكّر في ذلك، فإنّ لكل إنسان مكانة، ويجب أن يقتنع* بمكانته، ولسنا بحاجة لتغيير مكانتنا.

دمنة: انّ أهل الفَضل لا يقبلون القليل، وهم كالأسد الذي يصيد أرنباً، فإذا رأى جملاً ترك الأرنب وحاول صيد الجمل. وملكنا ضعيف الرأي وبحاجة لمن يساعده. سأذهب اليه وأحاول مساعدته، وربّما أحصل على مكانة عالية عنده.

كليلة: وكيف تريد أن تحصل على مكانة عالية عند الأسد ولست من أهل الخبرة في خدمة الملوك؟

دمنة: انّ الرجل القوي يقدر على الحمل الثقيل حتى لو لم يعتَدْ على حمله، والرجل الضعيف لا يحمله حتى لو اعتاد على ذلك.

كليلة: وماذا تريد منه اذا وصلتَ اليه؟

دمنة: أريد أن أنصحه الى الخير وأبعده عن الشر حتى يثق بي ويكرمني* ويقرّبني له.

كليلة: انّي أخاف عليك من السلطان، فإن صحبته خطِرة وقد قال العلماء: "هناك ثلاثة لا يفعلها الا مجنون ولا يسلم منها الا قليل: صُحبة* السلطان وائتمان النساء على الأسرار وشرب السمّ للتجربة*.

دمنة: صدقتَ، ولكن لا يمكن للإنسان الوصول الى ما يريد اذا لم يواجه الأخطار، وقد قال العلماء: "للرجل الفاضل مكانان فقط، مع الملوك مُكرَماً* أو مع النُسّاك مُتَعبّداً*.

كليلة: اذا كان هذا ما تريد فأرجو الله أن يوفّقك.

كلمات جديدة

فرِح-يفرَح	to be happy	عَظْمة	bone
فَضْل	superiority	بَخيل	miserly
خِبرة	experience	اعتاد-يعتاد	to be accustomed
وثِق-يثِق	to trust	سُلطان	authority
ائتِمان	confiding in	نِساء	ج. امرأة: woman
خطَر (ج. أخطار)	danger	ناسِك (ج. نُسّاك)	hermit
وَفّق-يوفِّق	to give success to		

أ. إجابات قصيرة

١. لماذا يُريد دمنة العمل عند الأسد؟

....

٢. ما هي الأشياء الثلاثة التي لا يفعلها الا مجنون؟

....

٣. ما هما المكانان اللذان يليقان (fit) بالرجل الفاضل؟

....

ب. اكتب مرادف أو معنى أو عكس كلّ من الكلمات التالية.

قليل، فرِح-يفرَح، يابِس، طويل، فقير، عالية، أبعَد-يُبعِد، الشرّ

ج. استعمل الكلمات التالية في جُمَل.

رَأي، بحاجة، حصل-يحصُل على، العُلَماء

د. املأ الفراغات.

دمنة: قد سمعتُ كلامك، ولكن قد يفرح .... الناس بالقليل، مثل الكلب الذي يفرح .... اليابِسة. ومَن عاش وكان من أهل الفضل .... فإنّ عمره طويل وإنْ كان قصيراً، ومَن .... فقيراً بَخيلاً فالموت أفضل له.

كليلة: لقد فهمتُ ما قلتَ، وأرجوك أن تفكّر .... ذلك، فإنّ لكل إنسان مكانة، ويجب .... يقتنع بمكانته، ولسنا بحاجة لتغيير ....

دمنة: انّ أهل الفَضل لا يقبلون القليل، وهم كالأسد .... يصيد أرنباً، فإذا رأى جملاً ترك .... وحاول صيد الجمل. وملكنا ضعيف الرأي .... لمَن يساعده. سأذهب اليه وأحاول مساعدته، وربّما .... على مكانة عالية عنده.

كليلة: وكيف .... أن تحصل على مكانة عالية عند .... ولست من أهل الخبرة في خدمة ....؟

هـ. للمناقشة والإنشاء

علّق (comment) على واحدة من الجملتين التاليتين:

١. "ومَن عاش وكان من أهل الفضل والمال فإنّ عمره طويل وإنْ كان قصيراً، ومَن عاش فقيراً بَخيلاً فالموت أفضل له."

٢. "كالأسد الذي يصيد أرنباً، فإذا رأى جَمَلاً ترك الأرنب وحاول صيد الجمل."

٣

ثم ذهب دمنة الى الأسد وسَلّم* عليه، فسأل الأسد بعض أصحابه: "مَن هذا؟" فقال واحد منهم: "فُلان ابن فلان." قال الأسد: "كنت أعرف أباه." ثم سأل دمنة: "وماذا تريد؟" قال دمنة: "أريد أن أبقى عند باب الملك حتى أساعده اذا احتاج مساعدتي، فقد ينفعه رأيي مع أنّي لستُ صاحب مكانة عالية.

عندما سمع الأسد كلام دمنة أعجبه وظنّ أنه صاحب عقل وحكمة، وصار دمنة واحداً من أصحابه.

وفي يوم من الأيام كان دمنة يكلّم الأسد وخار شَنزَبة بصوت عالٍ فخاف الأسد وارتجف*، وحاول إخفاء ذلك عن دمنة، ولكن دمنة عرف سبب خوفه، فسأله:

دمنة: هل الملك خائف من ذلك الصوت؟

الأسد: نعم، لا أخاف الا منه.

دمنة: لا يليق بالملك أن يخاف من صوت، واذا سمحتَ لي فسأذهب وأعرف حقيقته."

فسمح له الأسد بذلك. وعندما رجع دمنة سأله الأسد:

الأسد: ماذا رأيتَ؟

دمنة: رأيت ثوراً وهو صاحب الخوار الذي سمعتَه.

الأسد: وما هي قوّته؟

دمنة: ضعيف، لا خوف منه.

الأسد: ربّما هو مثل الريح القويّة التي لا تؤثّر* في الحشيش الضعيف، ولكنها تَكسِر الشجر الكبير.

دمنة: أنا أجيء به حتى يكون عَبداً لك.

الأسد: اذاً فاذهب وأحضِره.

كلمات جديدة

hiding	إخفاء	so and so (person)	فُلان
truth	حَقيقة	to be appropriate	لاق-يليق
grass، عُشْب	حَشيش	wind	ريح
		to bring	أحضَر-يُحضِر

أ. إجابات قصيرة

١. ماذا كان دمنة يريد من الأسد؟

....

٢. ماذا فعل الأسد عندما خار شَنزَبة؟

....

٣. ماذا رأى دمنة عندما سمح له الأسد بالذهاب؟

....

٤. ماذا كان رأي دمنة في شَنزَبة؟

....

ب. استعمل الكلمات التالية في جُمَل.

أعْجَبه، عقل، حِكمة، ريح، جاء-يجيء بـ

ج املأ الفراغات.

ثم ذهب دمنة الى الأسد وسلّم ....، فسأل الأسد بعض أصحابه: "مَن هذا؟" فقال .... منهم: "فُلان ابن ...." قال الأسد: "كنت أعرف أباه." ثم .... دمنة: "وماذا تريد؟" قال دمنة: "أريد أن أبقى عند .... الملك حتى أساعده اذا احتاج مساعدتي، .... ينفعه رأيي مع أنّي لست صاحب مكانة ....

عندما سمع الأسد كلام دمنة أعجبه .... أنّه صاحب عقل وحكمة، وصار دمنة واحداً من ....

وفي يوم من الأيام كان دمنة يكلّم .... وخار شَنزَبة بصوت عالٍ فخاف الأسد .... وحاول إخفاء ذلك عن دمنة، .... دمنة عرف سبب خوفه، فسأله:

دمنة: هل الملك خائف من ذلك ....؟

الأسد: نعم، لا أخاف الا منه.

دمنة: لا يليق بالملك أن .... من صوت، واذا سمحتَ لي فسأذهب .... حقيقته."

د. للمناقشة والإنشاء

علّق على الجملة التالية:

"ربما هو مثل الريح القويّة التي لا تؤثّر في الحشيش الضعيف، ولكنّها تكسر الشجر الكبير."

٤

ثم ذهب دمنة الى الثور وقال له: "لقد أمرني الأسد أن آخذك له، وإذا أطعْتَه وذهبتَ معي فسيؤمّنك* ويعفو عنك لأنك تأخّرتَ في القُدوم اليه، وإن لم تذهب معي فسأرجع وأخبره بذلك." قال شَنزَبة: "ومَن هو هذا الأسد الذي أرسلك لي؟" قال دمنة: "هو ملك الوحوش كلّها ومعه جيش كبير منها." فخاف شَنزَبة وقال: "اذا انتَ أمّنتني فسأذهب معك اليه"، فأمّنه دمنة وذهبا الى الأسد.

عندما وصل دمنة ومعه شَنزَبة سأل الأسد شَنزَبة عن حاله ومن أين جاء، فقصّ عليه قصّته، فطلب منه الأسد أن يبقى عنده، فشكره الثور. ثم إنّ الأسد أحبّ شَنزَبة كثيراً وائتمنه* على أسراره وسمع نصيحته حتى صار أفضل أصحابه. فلما رأى دمنة ذلك غضِب وحسَد الثور، ثم قال لأخيه كليلة:

دمنة: أنظر الى جهلي واهتمامي بالأسد حتى أنّني نسيت نفسي، فقد أحضرت الثور له وأخذ مكانتي عنده، ولن ترجع لي مكانتي الا اذا مات الثور، وربما في موت الثور خير للأسد لأنه قرّبه أكثر مما يجب.

كليلة: وكيف تقتل الثور وأنت أضعف منه وهو أقرب للأسد وله أصحاب كثيرون؟

دمنة: لا تنظر الى صِغري وضعفي، فالقوّة ليست في كِبَر الجسم، وكثيراً ما يقدر الضعيف على عمل ما لا يقدر القوي على عمله.

كليلة: اذا استطعت أن تتخلص من الثور دون أن تضرّ بالأسد فافعل ما تريد.

كلمات جديدة

to forgive	عَفا-يعفو	to obey	أطاع-يُطيع
army	جَيْش	coming	قُدوم
ignorance	جهل	to envy	حسَد-يَحْسِد
		to harm	ضَرّ-يَضُرّ

أ. إجابات قصيرة

١. ماذا قال دمنة لشَنزَبة عن الأسد؟

....

٢. هل رجع شَنزَبة مع دمنة الى الأسد؟

....

٣. لماذا غضب دمنة؟

....

ب. استعمل الكلمات التالية في جُمَل.

جيش، قصّ-يقُصّ، أفْضَل، غضِب-يغضب، نسِي-ينسى، أحضَر-يُحضِر

ج. املأ الفراغات.

عندما وصل دمنة ومعه شَنزَبة سأل الأسد .... عن حاله ومن أين جاء،

فقصّ .... قصّته، فطلب منه الأسد أن يبقى ....، فشكره الثور. ثم إنّ

الأسد أحبّ شَنزَبة .... وائتمنه على أسراره وسمع .... حتى صار

أفضل أصحابه. فلما رأى دمنة ذلك .... وحسد الثور، ثم قال لأخيه كليلة:

دمنة: أنظر الى جهلي .... بالأسد حتى أنّني نسيت نفسي، فقد أحضرت

.... له وأخذ مكانتي عنده، ولن ترجع لي مكانتي الا اذا .... الثور،

وربما في موت الثور خير للأسد .... قرّبه أكثر مما يجب.

كليلة: وكيف تقتل الثور وأنت .... منه وهو أقرب للأسد وله أصحاب

...............؟

دمنة: لا تنظر الى صِغري وضعفي، فالقوّة .... في كِبَر الجسم، وكثيراً ما يقدر

الضعيف على .... ما لا يقدر القوي على عمله.

كليلة: اذا استطعت أن تتخلص من .... دون أن تضرّ بالأسد فافعل ما

....

د. للمناقشة والإنشاء

علّق على الجملة التالية:

"لا تنظر الى صِغري وضعفي، فالقوة ليست في كبر الجسم، وكثيراً ما يقدر الضعيف
على عمل ما لا يقدر القوي على عمله."

٥

انتظر دمنة مدّة طويلة حتى زار الأسد، فقال الأسد:

الأسد: لماذا لم تزُرْني منذ مدّة طويلة؟

دمنة: لقد سمعتُ كلاماً لا يُحبّ الملك أن يسمعه.

الأسد: ماذا سمعت؟

دمنة: انه يُؤلمني أن أقول شيئاً تكرهه* ايّها الملك، وقد ظنَنت أنّك لن تُصدّق ما سأقوله، ولكني تذكّرت أنّك ملكنا ويجب أن لا نُخفي عنك شيئاً. لقد سمعتُ أنّ شَنزَبة اجتمع ببعض أصحابك وقال لهم 'كنت أفكّر أنّ الأسد قوي، ولكني اكتَشفت* انّه ضعيف، وسأقاتله وأقتله في يوم من الأيام.' فلما سمعتُ ذلك عرفتُ أن شَنزَبة خائن غدّار وأنّه يريد أن يقتلك ويصير ملكاً مكانك، وقد قال العُلماء 'اذا عرف الملك أنّ هناك من يساويه في المكانة فيجب أن يقتله، وإذا لم يفعل ذلك فسيُقتل'، والعاقل يستعدّ لكل شيء قبل وقوعه.

الأسد: ولماذا يقتلني الثور ولم أفعل معه الا الخير؟

دمنة: انّ الخائن يخدم الملك بسبب الخوف فقط، واذا ذهب عنه الخوف رجع الى أصله، مثل ذيل الكلب الذي يُربط ليستقيم فاذا حُلّ الرِباط رجع أعوج كما كان.

الأسد: ولكن كيف يؤذيني شَنزَبة وهو طعام لي، فهو آكِل عشب وأنا آكل لحم، وكيف يغدر بي وقد أمّنته وأعطيته كل ما يريد؟

دمنة: لا تَخدع نفسك بالقول إنّه طعام لك ولا تخاف منه، فاذا لم يقدر شَنزَبة على قِتالك بنفسه فسَيَحْتال* عليك بِمَن يقدر على ايذائك.

الأسد: وما رأيك، ماذا أفعل؟

دمنة: إنّ دواء السنّ المريض خَلعه، ودواء العدوّ المخيف قتله.

الأسد: إن كلامك جعلني أكره رؤية شَنزَبة، وسآمره بالقدوم حتى أخبره بذلك.

كلمات جديدة

آلَم-يُؤلِم	to hurt	أخْفى-يُخفي	to hide
خائِن	traitor	غدّار	treacherous
عالِم (ج. عُلَماء)	person of knowledge	وُقوع	happening
ربَط-يربِط	to tie	حَلّ-يحِلّ	to untie
أعوَج	crooked	آذى-يُؤذي	to harm, hurt
خدَع-يخدَع	to fool	ايذاء	harming
دَواء	cure	خَلْع	taking out
مُخيف	frightening		

أ. إجابات قصيرة

١. ما هو الكلام الذي قال دمنة إنّ الملك لا يُحبّه؟

....

٢. ماذا قال شنزبة لبعض أصحاب الملك، حسب قول دمنة؟

....

٣. هل عامل الأسد الثور معاملة حسنة أم معاملة سيّئة؟

....

٤. ماذا يفعل الخائن عندما يذهب عنه الخوف، في رأي دمنة؟

....

٥. في رأي الأسد، لماذا لا يمكن للثور أن يؤذيه؟ هل وافقه دمنة على ذلك؟

....

ب. استعمل الكلمات التالية في جُمَل.

زار-يزور، اكتَشف-يكتشِف، ضعيف، استعَدّ-يستعِدّ، ربط-يربِط

ج. املأ الفراغات.

انتظر دمنة مدّة طويلة حتى زار ....، فقال الأسد:

الأسد: لماذا لم .... منذ مدة طويلة؟

دمنة: لقد سمعتُ كلاماً لا يحبّ الملك .... يسمعه.

الأسد: ماذا سمعت؟

دمنة: انه يُؤلمني أن أقول .... تكرهه ايّها الملك، وقد ظننت أنّك لن تصدّق .... سأقوله، ولكني تذكّرت أنّك ملكنا ويجب أن لا نُخفي عنك .... لقد سمعتُ أنّ شَنزَبة اجتمع ببعض .... وقال لهم 'كنت أفكّر أنّ الأسد قوي، .... اكتشفت انه ضعيف، وسأقاتله وأقتله .... يوم من الأيام.' فلما سمعتُ ذلك عرفتُ .... شَنزَبة خائن غدّار وأنّه يريد .... يقتلك ويصير ملكاً مكانك، وقد .... العُلماء 'اذا عرف الملك .... هناك من يساويه في المكانة فيجب .... يقتله، وإذا لم يفعل ذلك فسيُقتل'، والعاقل .... لكل شيء قبل وقوعه.

الأسد: ولماذا يقتلني الثور ولم أفعل معه الا ....؟

د. للمناقشة والإنشاء

١. ماذا قال دمنة للأسد عن شَنزَبة؟

٢. لماذا ذكر دمنة مثَل الكلب الذي يُربط ذيله ولا يستقيم؟

٣. ماذا نصح دمنة الأسد أن يفعل بشَنزَبة؟

٦

دمنة: رأيي أن لا تسمح لشَنزَبة بالدخول عليك الاّ اذا كنتَ مُسْتعداً* له، وسترى عندما يدخل أنّ لونه قد تغيّر وأنّه يرتَجف* وينظر الى اليمين والشمال.

الأسد: سأكون مُستعدّاً، واذا رأيتُ العلامات التي ذكرتَها فسأعرف أنَّ كلامك صحيح.

ثم قال دمنة للأسد إنّه يريد زيارة الثور حتى يعرف سرّه، فسمح له الأسد بذلك.

ذهب دمنة الى شَنزَبة وكان يتظاهر بالحزن، فسأله الثور:

شَنزَبة: لماذا لم تزُرني منذ مدة طويلة؟

دمنة: إنّ الذي يعيش مع الأشرار لا يسلم، وقد صدق الذي قال، "إن السلاطين في قلّة إخلاصهم* مثل المومس كلّما ذهب عنها رجل جاء رجل آخر."

شَنزَبة: انني أسمع من كلامك أنك تشكّ في الأسد.

دمنة: نعم، إنني أشكّ فيه ولكن ليس من أجل نفسي.

شَنزَبة: من أجل مَن إذن؟

دمنة: أنت تعلم أنّك صديقي ولا أخفي عليك شيئاً، وتذكر أنّني أعطيتُك وعداً بأن تكون آمناً، وهناك سرّ يجب أن تعرفه، فقد حدّثني مُخبِر* صادِق أن الأسد قال لبعض

أصحابه، "قد أعجبني سُمن الثور ولستُ بحاجة له، وسآكله وأطعم أصحابي من لحمه،" فلمّا سمعت ذلك وعرفت أنّه غدّار أسرعتُ اليك لأخبرك حتى تكون مستعداً له.

كلمات جديدة

evil (person)	شَرّ (ج. أشْرار)	sign	عَلامة
doubt, suspect	شَكّ-يشُكّ	prostitute	مومِس
to tell, narrate	حدَّث-يُحَدِّث	promise	وَعْد
		truthful	صادِق

أ. استعمل الكلمات التالية في جُمَل.

تَغيَّر-يتغيّر، اليمين والشِمال، من أجْل، وعْد

ب. املأ الفراغات.

ذهب دمنة الى شَنزَبة وكان يتظاهر بالحزن، فسأله .... :

شَنزَبة: لماذا لم تزُرني منذ .... طويلة؟

دمنة: إنّ الذي يعيش مع الأشرار لا يسلم، وقد صدق .... قال، "إنّ السلاطين في قلّة إخلاصهم مثل المومس .... ذهب عنها رجل جاء رجل آخر."

شَنزَبة: انّني .... من كلامك أنك تشكّ في ....

دمنة: نعم، إنني أشكّ فيه ولكن ليس من .... نفسي.

شَنزَبة: من أجل مَن إذن؟

دمنة: أنت تعلم أنّك .... ولا أخْفي عليك شيئاً، وتذكر أنّني أعطيتُك .... بأن تكون آمناً، وهناك سرّ يجب أن .... ، فقد حدّثني مُخبر صادق أن الأسد .... لبعض أصحابه، "قد أعجبني سُمن الثور ولستُ .... له، وسآكله وأطعم أصحابي من ...." فلمّا سمعت ذلك وعرفت أنّه .... أسرعتُ اليك لأخبرك حتى تكون .... له.

ج. للمناقشة والإنشاء

١. ما هي العلامات التي قال دمنة إنّ الأسد سيراها على شَنزَبة؟

٢. كيف حَمّل (incite) دمنة شَنزَبة على الأسد؟

٧

لمّا سمع شَنزَبة كلام دمنة وفكّر في الوعد الذي أخذه منه وفيما سمع عن الأسد، قال:

شَنزَبة: ولماذا يغدر بي الأسد وأنا لم أفعل شيئاً يُغضبه أو يغضب أصحابه؟ وإذا رأى لي ذنباً فأنا لا أعرفه. ربما كذب عليه واحد من أصحابه.

دمنة: إنّ ما يريد الأسد عمله ليس سببه الأشرار ولكن الخيانة والغدر، فإنّه خائن غدّار.

شَنزَبة: يبدو أنني قد أحببت حلاوة العيش مع الملك ونسيت أخطارها.

دمنة: اترك الكلام وفكّر في حيلة لنفسك.

شَنزَبة: وكيف أحتال لنفسي اذا أراد الأسد أن يأكلني، وإذا تآمر أصحابه عليّ، فإذا اجتمع الغدّارون الظالمون على البريء قتلوه، كما فعل الغُراب وابن آوى والذئب بالجمل. واذا كان أصحاب الأسد قد اتّفقوا على قتلي فلن أقدر على منعهم، وحتى لو

كان الأسد لا يريد قتلي، فإن كثرة الكلام الذي يسمعه ستغيّره، مثلما يثقُب* الماء الحجر القوي من كَثرة المرور عليه.

دمنة: إنّ الكلام لا ينفع، ويجب أن تستعدّ لقتال الأسد، والذكيّ يستعدّ حتى لو كان عدوّه ضَعيفاً.

شَنزَبة: أنا لا أريد قتال الأسد، ولن أغيّر* رأيي فيه حتى أرى أنه قد تغيّر هو.

كلمات جديدة

to lie	كَذَب-يكذِب	guilt	ذَنْب
sweetness	حَلاوة	treason	خِيانة
to conspire	تآمَر-يَتآمَر	trick, scheme	حِيلة
preventing	مَنْع	innocent (person)	بَريء

أ. إجابات قصيرة

١. هل فعل الثور شيئاً يُغضِب الأسد؟

....

٢. لماذا يريد الأسد قتل شنزبة، حسب ما قال دمنة؟

....

٣. هل يُمكن للثور أن يمنع الأسد من قتله؟ لماذا؟

....

٤. هل يريد شنزبة قِتال الأسد؟

....

ب. استعمل الكلمات التالية في جُمَل.

كذَب-يكذِب، أحبّ-يُحبّ، ذكيّ، عَدُوّ، ضعيف

ج. املأ الفراغات.

دمنة: إنّ ما يريد الأسد عمله .... سببه الأشرار ولكن الخيانة والغدر، فإنّه خائن ....

شَنزَبة: يبدو أنني قد أحببت حلاوة .... مع الملك ونسيت أخطارها.

دمنة: اترك الكلام وفكّر في .... لنفسك.

شَنزَبة: وكيف أحتال .... اذا أراد الأسد أن يأكلني، وإذا تآمر أصحابه عليّ، فإذا .... الغدّارون الظالمون على البريء قتلوه، كما فعل .... وابن آوى والذئب بالجمل. واذا كان أصحاب .... قد اتّفقوا على قتلي فلن أقدر على ....، وحتى لو كان الأسد لا يريد قتلي، فإن .... الكلام الذي يسمعه ستغيّره، مثلما يثقب الماء .... القوي من كثرة المرور عليه.

دمنة: إنّ الكلام لا ينفع، .... أن تستعدّ لقتال الأسد، والذكيّ يستعدّ حتى .... كان عدوّه ضَعيفاً.

شَنزَبة: أنا لا أريد قتال ....، ولن أغيّر رأيي فيه حتى أرى .... قد تغيّر هو.

د. للمناقشة والإنشاء

١. يقول دِمنة "إنّ ما يريد الأسد عمله ليس سببه الأشرار ولكن الخيانة والغدر، فإنّه خائن غدّار." مَن هو الخائن الغدّار في رأيك؟ لماذا؟

٢. لماذا ذكر الثور قصّة الغراب وابن آوى والذئب والجمل؟

٣. في رأيك، هل سينجح دمنة في تحميل الثور على الأسد والأسد على الثور حتّى يتَقاتَلا؟ لماذا؟

٨

عندما سمع دمنة ما قال شَنزَبة خاف أن يكتشف الأسد كذبه لأنه قد لا يرى العلامات التي قال له عنها. فقال لشَنزَبة:

دمنة: اذهب الى الأسد وستعرف عندما ينظر اليك ما يريد منك.

شَنزَبة: وكيف أعرف ذلك؟

دمنة: ستراه جالساً على مُؤخّرته، وعيناه تنظران اليك وفمه مفتوح ويستعدّ للقفز.

شَنزَبة: اذا رأيتُ هذه العلامات فسأعرف أنّ قولك صحيح.

وبعد أن حمّل دمنة الأسد على الثور والثور على الأسد ذهب الى كليلة، فسأله كليلة: "ماذا فعلت؟" قال دمنة: "سينتهي كل شيء قريباً كما نريد."

ثُمّ ذهب الإثنان لمُشاهدة* قتال الأسد والثور، فجاء شَنزَبة ودخل على الأسد فرآه جالساً كما وصفه دمنة، فقال في نفسه: "إنّ مَن صاحَب السلطان مثل من وضع

الحيّة في صدره لا يعرف متى تهجم عليه." ونظر الأسد الى شَنـزَبة فرأى العلامات التي ذكرها دمنة فتأكّد من صحّة كلامه وهجم عليه ودارت بينهما مَعْرَكة* شديدة وطالت وسالت الدماء وانتهت بموت الثور.

وبعد أن ذهب الغضب عن الأسد، حزن وندم كثيراً، وقال في نفسه: "كان الثور عاقلاً كريماً ومُخلِصاً* لي، ربّما كان بريئاً أو أنّ أحداً كذب عليه أو عليّ." وظهر الحزن على وجهه فرآه دمنة وذهب اليه وهنّأه على انتصاره على الثور، وسأله عن سبب حزنه، فقال الأسد: "أنا حزين على عقل شَنـزَبة ورأيه وعلمه." قال دمنة: "لا تحزن ايها الملك، فقد يحبّ الإنسان إنساناً آخر ولكن يقتله مَخافة الضرر، مثل مَن تلْسَعه* حيّة في أصبعه فيقطعه حتى لا يصل السمّ الى باقي جسمه. فرضي الملك بقول دمنة، ولكنّه عرف بعد ذلك أنّه كذّاب غدّار فقتله.

كلمات جديدة

behind	مُؤخِّرة	to discover	اكتَشَف-يكتَشِف
to describe	وَصَف-يَصِف	jumping	قَفْز
to take place, break out	دَار-يَدور	chest	صَدْر
blood	دَم (ج. دِماء)	to flow	سال-يَسيل
to appear	ظَهَر-يظْهَر	sensible, wise	عاقِل
for fear of	مَخافة	to congratulate	هَنّأ-يُهَنّئ
finger	أصبع	harm	ضَرَر
		poison	سُمّ

٧٢

أ. إجابات قصيرة

١. كيف سيعرف شَنزَبة أنّ الأسد يريد قتله، حسب قول دمنة؟

....

٢. ماذا قال دمنة لكليلة بعد تحميل الأسد على الثور والثور على الأسد؟

....

٣. هل رأى الأسد العلامات التي ذكرها دمنة على الثور؟

....

٤. مَن انتصر في المعركة؟

....

٥. لماذا حزن الأسد؟

....

٦. ماذا قال دمنة للأسد عندما أخبره عن حزنه؟

....

ب. استعمل الكلمات التالية في جُمَل.

مُشاهدة، ندِم-يندَم، عاقِل، كريم، بَريء، انتِصار، إنسان

ج. املأ الفراغات.

ثمّ ذهب الإثنان لمشاهدة قتال الأسد ....، فجاء شَنزَبة ودخل على الأسد فرآه جالساً كما وصفه ....، فقال في نفسه: "إنّ مَن صاحَب .... مثل من وضع الحيّة في صدره لا .... متى تهجم عليه." ونظر الأسد الى .... فرأى العلامات التي ذكرها دمنة فتأكّد من .... كلامه وهجم عليه ودارت بينهما .... شديدة وطالت وسالت الدماء وانتهت بموت ....

وبعد أن ذهب الغضب عن الأسد، .... وندم كثيراً، وقال في ....: "كان الثور عاقلاً كريماً ومُخلصاً لي، ربّما كان .... أو أنّ أحداً كذب عليه أو عليّ." وظهر .... على وجهه فرآه دمنة وذهب اليه وهنّأه على

على .... أنا "على الثور، وسأله عن سبب حزنه، فقال الأسد: "أنا ....

عـقل شَنزَبة ورأيه وعلمه." .... دمنة: "لا تحزن ايها الملك، فقد يحبّ

مَن تلسعه حيّة في .... إنساناً آخر ولكن يقتله مَخافة الضرر، ....

أصبعه فيقطعه .... لا يصل السمّ الى باقي .... فرضي الملك بقول

دمنة، ولكنّه .... بعد ذلك أنّه كذّاب .... فقتله.

د. للمناقشة والإنشاء

اكتب فقرة أو فقرتين عن شخصيّتك المفضّلة (favorite character) في القصّة؟

هـ. قراءة إضافيّة (أجب بالعربية أو الانجليزية)

هذه القصّة المكتوبة بلغة "كليلة ودمنة" الأصليّة، مأخوذة من قصّة "الأسد والثور". ماذا تمثّل في رأيك؟

This story has been taken, in its original form, from the story of الأسد والثور. Can you tell what it is an argument for and where it fits in the story?

قال دمنة: زَعَموا أنّ ثعلباً أتى أجَمة فيها طَبْل مُعلّق على شجرة، وكلّما هَبّت الريح على قُضبان تلك الشجرة حرّكتها، فضَربَت الطبل، فسُمِع له صوت عظيم باهِر، فتوجّه الثعلب نَحوه لأجل ما سمع من عظيم صوته، فلمّا أتاه وجده ضَخماً فأيقن في نفسه بكثرة الشحم واللحم، فعالجه حتى شَقّه، فلمّا رآه أجوف لا شيء فيه قال: لا أدري لَعلّ أفشل الأشياء أجهرها صوتاً وأعظمها جُثّة.

بعض الكلمات الصعبة

زعموا	قالوا		أجَمة	غابة	
طَبْل	drum		قُضبان	أغصان،	branches
باهِر	dazzling, overwhelming		أتاه	جاءه	
أجْوَف	hollow		أفْشَل	عكس "أنجح"	
أجْهَرها	أعلاها		جُثّة	جِسم	

باب الفحص عن أمر دمنة

الطبيب الجاهل

عاش طبيب في مدينة حتى كبر وضعف بصره، وكان طبيباً ماهِراً* له معرفة واسعة بالأمراض والأدوية. وفي يوم من الأيام مرِضَت بنت ملك المدينة، فأرسل رسولاً الى الطبيب يطلب منه الحضور. فجاء الطبيب وسأل البنت عن وجعها فأخبرته، فعرف مرضها وعِلاجه* ولكنّه قال للملك: "إنّ بصري ضعيف ولا أقدر أن أحضّر دواء مُناسِباً*، ولا أثِق بأحد غيري ليفعل ذلك."

سمع بذلك رجل من رجال المدينة فجاء الى الملك وقال إنّه طبيب ويقدر على علاج البنت. فسمح له الملك بدخول خزانة الأدوية ليأخذ ما يحتاج لتحضير دواء، فلما دخل الخزانة ورأى الأدوية الكثيرة لم يعرف الضارّ من النافِع، وخلط سُمّاً مع دواء من الأدوية وسقى البنت منه فماتت. وعندما رأى الملك ذلك غضِب وسقى الرجل من السم فمات أيضاً.

كلمات جديدة

بَصَر	eyesight	واسِع	wide
دَواء (ج. أدوِية)	cure	وَجَع	pain ،ألَم
حَضَّر-يُحَضِّر	to prepare	خِزانة	storeroom
ضارّ	harmful	نافع	beneficial
خلَط-يخلِط	to mix	سَقى-يسقي	to give to drink

أ. **إجابات قصيرة**

١. لماذا لم يتمكّن الطبيب من معالجة بنت الملك؟

....

٢. كيف مات الرجل الذي جاء لعلاج البنت؟

....

ب. استعمل الكلمات التالية في جُمَل.

الأمراض، رَسول، مُناسِب، طبيب

ج. املأ الفراغات.

عاش طبيب في مدينة حتى كبر .... بصره، وكان طبيباً ماهِراً له معرفة .... بالأمراض والأدوية. وفي يوم من الأيام .... بنت ملك المدينة، فأرسل رسولاً الى .... يطلب منه الحضور. فجاء الطبيب وسأل .... عن وجعها فأخبرته، فعرف مرضها .... ولكنّه قال للملك: "إنّ بصري .... ولا أقدر أن أحضّر دواء ....، ولا أثِق بأحد غيري ليفعل ذلك."

سمع بذلك .... من رجال المدينة فجاء الى .... وقال إنّه طبيب ويقدر على علاج .... فسمح له الملك بدخول خزانة الأدوية .... ما يحتاج لتحضير دواء، فلما دخل .... ورأى الأدوية الكثيرة لم يعرف الضارّ من ....، وخلط سُمّاً مع دواء من الأدوية .... البنت منه فماتت. وعندما رأى .... ذلك غضِب وسقى الرجل من السم فمات ....

الفحص عن أمر دمنة

١

بعد أن قتَل الأسد شَنزَبة ندم كثيراً لأنه كان أعَزّ أصحابه. وفي ليلة من الليالي مرّ النمر ببيت كليلة ودمنة، وسمع كليلة يُعاتب* دمنة على ما فعل بالثور، فوقف يستمع الى حديثهما، وكان كليلة يقول لدمنة: "لقد أخطأتَ خطأً كبيراً عندما كذبت على الأسد حتى قتل الثور، وإذا عرف الأسد الحقيقة فسيقتلك. وأنا لن أكون صديقك بعد هذا اليوم لأنّك كذّاب غدّار."

عندما سمع النمر كلام كليلة ودمنة ذهب الى أمّ الأسد وأخبرها بما سمع بعد أن أعطته وعداً أن يظلّ ذلك سرّاً بينهما. وفي الصباح دخلت أم الأسد على ابنها فوجدته حزيناً، فسألته عن سبب حزنه فقال إنّه حزين لأنّه قتل شَنزَبة. فقالت: "قد أخطأتَ خطأً عظيماً عندما قتلتَ الثور دون معرفة الحقيقة، ولولا أنّني أعطيت وعداً بالمحافظة* على السرّ لأخبرتك بما أعرف." قال الأسد: "اذا كان عندك سرّ فأخبريني به." فأخبرته بكل ما أخبرها النمر دون أن تخبره مَن قال ذلك، وقالت: "إنّني أعرف أنّه يجب المحافظة على الأسرار ولكن أخبرتك بهذا السرّ لأنّ فيه مَصلحتك* ومصلحة المملكة."

ثم دعـا الأسـد أعْـوانه وجنوده فـدخلوا عليـه، وعنـدمـا دخل دمـنة ورأى الأسـد حزيناً، نظر الى بعض الحاضِرين* وقـال: "مـا الذي أحزن الملك؟" فـردّت أم الأسـد: "قـد أحـزن الملك بقـاؤك، ولن يـسـمح لك أنْ تعـيش بعـد هذا اليـوم، أيّـهـا الكذّاب الغـدّار"، وخرجت غاضبة. ثم أرسل الأسد دمنة الى القاضي فحكم القاضي بسَجنه.

وفي الليل زار كليلة صديقه دمنة في السجن، ولما رأى حاله بكى وقـال له: "هذه نتيجة كذبك وخِداعك، وقد نصحتُك ولكنّك لم تسمع نصيحتي، وقد قال العلماء 'يموت المُحتـال قبل أجَله.'" قـال دمنة: "صدقتَ وقد قـال العُلماء 'لا تخَف من العَذاب، وعَذاب الدُنيـا خيـر من عذاب الآخرة.'" قـال كليلة: "ولكن ذنبك عظيم وعـقـاب الأسـد شديد."

وكان بالقرب منهما فَهد مسجون يسمع كلامهما ولا يريانه، فعرف أنّ دمنة مُعتَرِف* بذنبه، ولكنّه لم يقُل شيئاً.

كلمات جديدة

ندِم-يندَم	to be sorry	أعَزّ	dearest, most cherished
أعوان	مُساعدين، assistants	جُندي (ج. جُنود)	soldier
غاضِب	angry	سَجْن	putting in jail
أجَل	appointed time (of death)	عَذاب	torture
خيْر	أحسَن، better	آخِرة	afterlife
عِقاب	punishment		

أ. إجابات قصيرة

١. ماذا سمع النمر؟

....

٢. هل حافظَت أمّ الملك على السرّ؟ لماذا؟

....

٣. ماذا قال كليلة لدمنة عندما زاره في السجن؟

....

٤. مَن سمع كلام كليلة ودمنة في السجن؟

....

ب. استعمل الكلمات التالية في جُمَل.

عظيم، مُحافَظة، سِرّ، دعا، جُنود، شَديد

ج. املأ الفراغات.

عندما سمع النمر كلام كليلة ودمنة ذهب الى .... الأسد وأخبرها بما سمع بعد أن أعطته .... أن يظلّ ذلك سرّاً بينهما. وفي .... دخلت أمّ الأسد على ابنها فوجدته ....، فسألته عن سبب حزنه فقال .... حزين لأنّه قتل شَنزَبة. فقالت: "قد .... خطأً عظيماً عندما قتلتَ .... دون معرفة الحقيقة، ولولا أنّني .... وعداً بالمحافظة على السرّ لأخبرتك بما ...." قال الأسد: "اذا كان عندك .... فأخبريني به." فأخبرته بكل ما أخبرها .... دون أن تخبره مَن قال ذلك، ....: "إنّني أعرف أنّه يجب المحافظة على .... ولكن أخبرتك بهذا السرّ لأنّ فيه مصلحتك .... المملكة."

د. للمناقشة والإنشاء

لقد أعطت أمّ الملك النمر وعداً بالمحافظة على السرّ، ولكنّها لم تحافظ عليه. ما رأيك في ذلك؟ هل تُوافق على ما فَعَلت، أم لا؟ لماذا؟

الفحص عن أمر دمنة

٢

في الصباح أمر الأسد قاضيه أن يدعو أهل المملكة لإكمال مُحاكمة* دمنة، فاجتمعت الوحوش ونادى القاضي بصوت عالٍ: "انتم تعرفون أن ملكنا حزين منذ موت شنزبة، وقد قتَله بدون ذنب لأنّ دمنة كذب عليه، فمَن منكم يعرف شيئاً عن دمنة من شرّ او خير فليتكلم أمام الجميع." ولكن لم يتكلم أحد، فقال دمنة: "ولماذا لا تتكلمون؟ تكلّموا اذا كنتم تعرفون شيئاً."

ثم تكلّم سيّد الخنازير، وكان صاحب مكانة عالية عند الأسد، فقال: "يا أهل الشرَف، إنّ الصالح* يُعرف من غير الصالح من صورته، وهناك علامات كثيرة تَدلّ على أنّ دمنة من أهل الشرّ، فقد قال العلماء وكتبوا أنّه مَن كانت عينه اليُسرى أصغر من عينه اليُمنى وكان أنفه مائلاً الى اليمين فهو لَئيم غدّار." فلما سمع دمنة ذلك قال: "إنّ مثَلك مثل الرجل الذي قال لزوجته، 'انظري الى عُريك قبل أن تنظري الى عُري غيرك.' ألا تستَحي أن تجلس وتأكل مع الملك وجسمك قذِر قبيح؟ وكيف تتكلّم عن جسمي النظيف الذي لا عيب فيه أيها الأعرج* الأعوَج المكسور، صاحب البطن الكبير والخِصيتين المُدلّيتين والشفتين المَشقوقتين*؟ إنّ كل الوحوش تعرف قُبحك وقذارتك." فلمّا سمع سيّد الخنازير ذلك، استَحى ولم يستطع أنْ يقول شيئاً، وبكى

وخرج من المجلس، ثمّ أمر الأسد بطرْده من عمله ومَنَعه من الدخول عليه، وأمر بإبقاء دمنة في السجن، ورجعت الوحوش الى بيوتها.

أما كليلة فقد مرِض من الخوف والحزن على صديقه دمنة ومات، فحزن دمنة حُزناً شديداً وبَكى.

ثمّ دعا القاضي دمنة وطلب منه أن يعترف بذنبه، ولكنّ دمنة لم يعترف حتّى طلب الأسد من أمّه أن تخبره بالذي قال إنّ دمنة كذب عليه." فذهبت الى النمر وطلبت منه أن يُخبر الأسد بما سمع، ففعل ذلك. ولما سمع الفَهد المسجون بذلك قال "إنّ عندي شَهادة*" فأخرجوه من السجن وشهِد على دمنة ايضاً. فقال الأسد للنمر والفهد: "ولماذا لم تشهدا على دمنة قبل هذا الوقت؟" فقال كل منهما لا يمكن الحكم بشهادة واحد فقط، وعندما شهِد واحد شهد الثاني، فقبِل الأسد ذلك وأمَر بقَتل دِمنة.

كلمات جديدة

دَعا-يدعو	to call upon, summon	إكمال	finishing, completing
خَنزير (ج. خنازير)	pig, boar	شرَف	honor
دَلّ-يدُلّ	to indicate, show	أنْف	nose
مائل	leaning	لَئيم	malicious
عُرْي	nakedness	استَحى-يستَحي	to be ashamed, embarrassed
قبيح	عكس "جميل"، ugly	خِصيَة	testicle
مُدَلّى	hanging	شَفة	lip
طَرْد	dismissing	مَنَع-يمنَع	to prevent

أ. إجابات قصيرة

١. مَن كان أوّل المتكلّمين بعد القاضي؟

....

٢. في رأي سيّد الخنازير، ما هو الدليل على ذنْب دِمنة؟

....

٣. لماذا استحى سيّد الخنازير؟

....

٤. ماذا فعل الأسد بسيّد الخنازير بعد أن سمع ما قال عنه دمنة؟

....

٥. لماذا مات كليلة؟

....

٦. لماذا لم يشهد الفهد على دمنة قبل هذا الوقت؟

....

ب. اكتب المُرادف أو المعني، أو العكس.

مثال: كذّاب   لا يقول الحقيقة، أو صادِق (عكس)

قَذِر، قبيح، أعوَج، كذَب، يمين، صباح، حزين، شرّ، أمام، يُسرى، مَنَع

ج. املأ الفراغات.

ثم تكلّم سيّد الخنازير، وكان .... مكانة عالية عند الأسد، فقال: "يا أهل .... ، إنّ الصالح يُعرف من غير .... من صورته وهناك علامات .... تَدلّ على أنّ دمنة من أهل .... ، فقد قال العلماء وكتبوا أنّه مَن كانت عينه .... أصغر من عينه اليُمنى وكان أنفه مائلاً الى .... فهو لَئيم غدّار." فلما .... دمنة ذلك قال: "إنّ مثَلك مثل .... الذي قال لزوجته، 'انظري الى عُريك .... أن تنظري الى عُري غيرك.' ألا تستَحي أن .... وتأكل مع الملك وجسمك قذِر .... ؟ وكيف تتكلّم عن جسمي .... الذي لا عيب فيه أيها الأعرج .... المكسور، صاحب البطن .... والخِصيتين المُدلّيتين .... المَشقوقتين؟ إنّ كل الوحوش تعرف قُبحك وقذارتك." .... سمع سيّد الخنازير ذلك استَحى ولم .... أن يقول شيئاً، وبكى وخرج من .... ، ثمّ أمر الأسد بطرْده من عمله .... من الدخول عليه، وأمر بإبقاء .... في السجن، ورجعت الوحوش الى ....

د. للمناقشة والإنشاء

في رأيك، ماذا كان سيحدث لدمنة لو لم يسمعه النمر أو الفهد؟

باب الحمامة المطوقة

الحمامة المطوّقة والجُرَذ

نصَب صيّاد شبكته ووضع عليها حَبّاً واختَبأ في مكان قريب. وبعد قليل جاءت حمامة اسمها "المطوّقة" وكانت سيّدة الحمام، ومعها حمام كثير، ولم ترَ المطوّقة وصاحباتها الشبكة فأكلن من الحبّ ووقعن فيها، ففرح الصيّاد وجاء حتى يأخذهنّ، وبينما هو يمشي حاولت كلّ حمامة أن تطير وحدها، فقالت المطوّقة: "يجب أن نتعاون* ونحاول أن نطير جميعاً وكأنّنا طائر واحد فننجو من الموت، فقفزت* الحمامات في نفس الوقت وحملْن الشبكة وطِرن في الجوّ. فتوَجّهت* المطوّقة وصاحباتها الى جُرَذ تعرفه ونزلْنَ هناك في الشبكة. ثم نادَت المطوقة الجرذ فأجابها من جُحره: "من أنتِ؟" قالت: "أنا صديقتك المُطوّقة." فخرج وذهب لها وقال: "كيف وقعتِ في هذا الورطة؟" قالت: "إنّ كل شيء في الدنيا قضاء وقدَر، وكان هذا قضائي وقدَري."

ثم بدأ الجرز بقطع العُقدة التي فيها المطوقة، فقالت له: "ابدأ بقطع عُقَد الحمامات الأخريات ثم ارجع واقطع عقدتي." ولكنّه لم ينتَبه الى قولها، فكرّرت ذلك عدّة مرات، فقال لها: "لماذا تطلبين منّي ذلك؟ ألا تريدين النجاة لنفسك أم أنّ نفسك ليسَت عزيزة عليك؟" قالت: "أخاف اذا بدأتَ بقطع عقدتي أنْ تتعب وتَكسل* عن قطع العُقد الباقية، ولكن اذا بدأت بقطع العُقد الأخرى وكانت عقدتي الأخيرة فلن تقبَل أن أظلّ في الشبكة." فأحبّ الجرز ذلك الردّ وقطع عُقد الشبكة كلّها وطارت المطوّقة وصاحباتها.

كلمات جديدة

نَصَبَ-ينصُب	to set	حَبّ	grain
اختبأ-يختبئ	to hide	حَمامة	dove
رَأى-يَرى	to see	وَقَع-يَقَع	to fall
كأنّ	as if	جَوّ	air, atmosphere
وَرْطة	predicament	قَضاء وقَدَر	fate and divine decree
قَطْع	cutting	عُقدة	knot
كَرّر	to repeat		

أ. إجابات قصيرة

١. مَن هي المطوّقة؟

....

٢. لماذا فرح الصيّاد؟

....

٣. مَن تَبِع الحمامات عندما طِرن في الشبكة؟

....

٤. الى أين ذهبَت المطوّقة وصاحباتها؟

....

٥. في رأي المطوّقة، لماذا وقعت في الشبكة؟

....

٦. هل نجَت المطوّقة وصاحباتها؟

....

ب. استعمل الكلمات التالية في جُمَل.

قفز-يقفِز، صديق، أراد-يُريد، عزيز، تعب-يتعب، ظلّ-يظلّ، شبكة، طار-يطير

ج. وافِق بين الكلمة وعكسها.

قريب	قليل
قليل	الأول
أجاب	بعيد
كثير	كثير
خرج	كرِه
بدأ	سأل
الأخير	دخَل
أحبّ	انتَهى

د. املأ الفراغات.

نصَب صيّاد شبكته ووضع عليها حَبّاً واختَبأ في .... قريب. وبعد قليل جاءت .... اسمها "المطوّقة" وكانت سيّدة ....، ومعها حمام كثير، ولم ترَ المطوّقة وصاحباتها .... فأكلن من الحبّ ووقعن فيها، ففرح الصيّاد .... حتى يأخذهنّ، وبينما هو يمشي .... كلّ حمامة أن تطير وحدها، فقالت المطوّقة: "..................... أن نتعاون ونحاول أن نطير جميعاً وكأنّنا .... واحد فننجو من الموت، فقفزت .... في نفس الوقت وحملْن الشبكة وطِرن في .... فتوجّهت المطوّقة وصاحباتها الى .... تعرفه ونزلْنَ هناك في الشبكة. ثم نادَت المطوقة الجرز فأجابها جُحره: "من أنتِ؟" قالت: "أنا صديقتك ...." فخرج وذهب لها وقال: "كيف .... في هذا الورطة؟" قالت: "إنّ كل .... في الدنيا قضاء ....، وكان هذا قضائي وقدَري."

ثم بدأ الجرز بقطع .... التي فيها المطوقة، فقالت له: "ابدأ بقطع عُقَد .... الأخريات ثم ارجع واقطع عقدتي." ولكنّه .... ينتَبه الى قولها، فكرّرت ذلك عدّة ....، فقال لها: "لماذا تطلبين منّي ذلك؟ ألا تريدين .... لنفسك أم أنّ نفسك ليسَت .... عليك؟" قالت: "أخاف اذا بدأتَ بقطع .... أنْ تتعب وتكسل عن قطع العُقد ....، ولكن اذا بدأت بقطع العُقد الأخرى وكانت عقدتي .... فلن تقبَل أن أظلّ في الشبكة." فأحبّ الجرز ذلك .... وقطع عُقد الشبكة كلّها وطارت المطوّقة ....

هـ. للمناقشة والإنشاء

١. كيف تمكّنَت الحمامات من الطيران وهنّ في الشبكة؟

٢. لماذا طلبَت المطوّقة من الجرز أن يقطع عُقَد الحمامات الأخريات قبل عقدتها؟

الغُراب وأصحابه

١

رأى الغراب ما فعل الجُرَذ عندما أنقذ* الحمامة المطوّقة من شبكة الصيّاد فأحبّ مُصادقته*. وقف عند جُحره وناداه، فأخرج الجرذ رأسه وقال: "ماذا تريد؟ قال الغراب: "أريد مصادقتك." قال الجرذ: "لا يمكن أن يكون بيني وبينك صَداقة، فأنا طعام لك." قال الغراب: "صحيح أنت طعام لي، ولكنّ صداقتك أكثر فائدة لي، فقد رأيتُ ما فعلتَ مع المطوّقة وأحببتُ ذلك كثيراً." قال الجرذ: "إنّك عدوّي، ومن يُصاحب العدوّ مثل من يضع الحيّة في صدره." قال الغراب: "قد فهمتُ كلامك ولكنّي بحاجة الى صداقتك لأنك كَريم*، وسأظلّ عند بابك لا آكل شيئاً حتى تصادقني." قال الجرذ: "قد قبلتُ صداقتك فإنني لم أرفض لأحد حاجة طلبها مني." ثم خرج الجرذ وسلّم على الغراب وصارا صديقين.

وبعد أيّام قال الغراب للجرذ: "إنّ جحرك قريب من طريق الناس وأخاف أن يضربك ولد بحجر، وأعرف مكاناً بعيداً عن الناس ولي فيه صديقة من السلاحف، وفي المكان طعام وماء كثير. ما رأيك أن أحملك الى هناك حتى نعيش آمنين؟" فقال الجرذ: "وأنا عندي أخبار كثيرة وقصص غريبة سأقصّها عليك عندما نصل الى ذلك المكان." ثم حمل الغراب الجرذ من ذيله وطار به حتى وصل الى المكان الذي فيه السلحفاة.

خرجت السلحفاة وسألت الغراب: "من أين جئت؟" فأخبرها بقصته عندما تبع الحمام وبصداقته مع الجرذ. فلما سمعت ما قاله عن الجرذ أحبّت ذلك كثيراً ورَحّبت* به. وبعد قليل جاء غزال وكان يركض خائفاً، فخافت السلحفاة ونزلت في الماء، ودخل الجرذ في جحره، وطار الغراب الى شجرة ليرى هل هناك أحد يحاول صيد الغزال. وعندما لم ير أحداً، رجع ونادى السلحفاة والجرذ، فخرجا، ورحّبت السلحفاة بالغزال وسألته: "من أين جئت؟" قال الغزال: "عشتُ في الصحراء آمناً حتى رآني بعض الصيّادين فبدأوا يُطارِدونني* من مكان الى مكان، ولستُ أجد مكاناً أميناً." قالت السلحفاة: "لا تخَف فلم نرَ صيّاداً هنا أبداً، عِش معنا وكُن واحداً منّا، والماء والعشب كثير." فقبل الغزال ذلك وعاش مع السلحفاة والغراب والجرذ.

كلمات جديدة

طَعام	أكْل، food	عَدُوّ (ج. أعداء)	enemy
ظَلّ-يظَلّ	to remain	حَجَر	stone
آمِن	safe	خَبَر (ج. أخبار)	news
غَريب	strange	تَبِع-يتبَع	to follow
غَزال	gazelle, deer	صَحراء	desert

أ. إجابات قصيرة

١. ماذا أراد الغُراب من الجُرَذ؟

....

٢. لماذا وافق الجرذ على مصادقة الغراب؟

....

٣. لماذا أراد الغراب أن يأخذ الجرذ الى مكان آخَر؟

....

٤. ماذا فعل الجُرَذ والغُراب والسلحفاة عندما جاء الغزال؟

....

٥. مِن أين جاء الغزال؟

....

ب. استعمل الكلمات التالية في جُمَل.

صَداقة، طَعام، صحيح، فائدة، عدوّ، صَدْر، بحاجة، كَريم، رفض-يرفُض، ضرب-يضرب، خائف، أمين، أبداً، عُشب

ج. املأ الفراغات.

رأى الغراب ما فعل الجُرَذ .... أنقذ الحمامة المطوّقة من شبكة .... فأحبّ مُصادقته. وقف عند جُحره وناداه فأخرج .... رأسه وقال: "ماذا تريد؟" قال ....: "أريد مصادقتك." قال الجرز: "لا يمكن أن يكون بيني .... صَداقة، فأنا طعام لك." قال ....: "صحيح أنت طعام لي، ولكنّ صداقتك .... فائدة لي، فقد رأيتُ ما فعلتَ مع .... وأحببتُ ذلك كثيراً." قال الجرز: "إنّك عدوّي، ومن يُصاحب .... مثل من يضع ...." قال الغراب: "قد فهمتُ كلامك ولكنّي بحاجة .... صداقتك لأنك كريم، وسأظلّ عند .... لا آكل شيئاً حتى تصادقني." قال ....: "قد قبلتُ صداقتك فإنني لم أرفض لأحد .... طلبها مني." ثم خرج الجرز وسلّم .... الغراب وصارا ....

وبعد أيّام قال الغراب للجرز: "إنّ جحرك .... من طريق .... وأخاف أن يضربك ولد بحجر، وأعرف مكاناً .... عن الناس ولي فيه صديقة من ....، وفي المكان طعام وماء .... ما رأيك أن أحملك الى هناك حتى نعيش آمنين؟" .... الجرز: "وأنا عندي أخبار كثيرة وقصص .... سأقصّها عليك عندما نصل الى ذلك ...." ثم حمل الغراب الجرز من .... وطار به حتى وصل الى المكان .... فيه السلحفاة.

د. للمناقشة والإنشاء

علّق على قول الجُرَذ: "إنّ من يصاحِب العدُوّ مثل مَن يضع الحيّة في صدره."

الغُراب وأصحابه

٢

وفي يوم من الأيام خرج الغزال ولم يرجع، فخاف أصحابه عليه وطلب الجرذ والسلحفاة من الغراب أن يطير ويبحث عنه، فطار الغراب ورأى الغزال في شبكة صَيّاد، فرجع بسرعة وأخبر صاحبيه، ثمّ قال الغراب والسلحفاة للجرذ: "لا يقدر على مساعدة أخيك الغزال غيرك." فأسرع الجُرَذ الى الغزال وعندما وصله قال: "كيف وقعتَ في هذه الورطة وأنت حذِر؟" قال الغزال: "وماذا ينفع* الحذَر مع القضاء والقدر؟" وبينما هما يتحدّثان وصلت السلحفاة، فقال لها الغزال: "لماذا جئتِ الى هنا؟ اذا قطع الجرذ الحبال ووصل الصيّاد، فسأهرب وسيطير الغراب وسيختبئ الجرذ في جحر، ولكن انتِ ثقيلة* وبطيئة وأخاف عليك من الصيّاد." قالت السلحفاة: "وما فائدة العيش بدون الأصحاب؟"

بعد قليل وصل الصيّاد، وكان الجرذ قد أنهى قطْع الحبال فهرب الغزال وطار الغراب ودخل الجرذ في جحر، وبقيت السلحفاة.

وعندما رأى الصيّاد شبكته مقطوعة نظر الى اليمين واليسار فلم يرَ الا السلحفاة فأخذها وربطها بحبل. فاجتمع الجرذ والغراب والغزال ونظروا الى السلحفاة ورأوها مربوطة فحزنوا كثيراً، وتشاوروا، فقال الجرذ للغزال: "رأيي أن تذهب الى مكان قريب من الصيّاد وتتظاهر أنّك جريح*، ثم ينزل عليك الغراب وكأنّه يأكل منك، وإذا اقترب الصيّاد منك ابتعد عنه قليلاً واستمرّ في ذلك حتى أقطع حبل السلحفاة."

فعل الغزال والغراب ما قال الجرذ وحاول الصيّاد أن يمسك الغزال وابتعد عن مكان السلحفاة، فقطع الجرذ الحبل ونجَت السلحفاة ورجع الصيّاد الى شبكته بعد أن تعب كثيراً فوجد حبله مقطوعاً، ثم فكّر فيما فعل الغزال فظنّ أن هذه أرض جِنّ وسَحَرة. فخاف وهرَب الى بيته. ثم رجع الجرذ والغراب والسلحفاة والغزال الى مكانهم وعاشوا آمنين.

ب. كلمات جديدة

حَذِر	cautious	حَبْل (ج. حِبال)	rope
بَطيء	عكس "سريع"، slow	أنهى-يُنهي	to finish
تشاوَر	to consult	جِنّ	jinn, demons
ساحِر (ج. سَحَرة)	magician		

أ. إجابات قصيرة

١. ماذا رأى الغُراب عندما طار ليبحث عن الغزال؟

....

٢. ماذا كان جواب الغزال عندما سأله الغُراب كيف وقع في ورطته وهو حذر؟

....

٣. لماذا خاف الغزال على السلحفاة من الصيّاد؟

....

ب. استعمل الكلمات التالية في جُمَل.

بحث-يبحث، أخبر-يخبِر، مُساعَدة، أسرَع، نظر-ينظُر، ربط-يربِط، اجتمع-يجتمِع، اقترَب-يقترِب، استمرّ-يستمرّ

ج. املأ الفراغات.

وعندما رأى الصيّاد شبكته مقطوعة .... الى اليمين .... فلم يرَ الا السلحفاة فأخذها وربطها .... فاجتمع الجرذ والغراب .... ونظروا الى السلحفاة ورأوها مربوطة فحزنوا ....، وتشاوروا، فقال الجرذ للغزال: "رأيي أن تذهب الى .... قريب من الصيّاد وتتظاهر أنّك جريح، ثم .... عليك الغراب وكأنّه يأكل منك، وإذا اقترب .... منك ابتعد عنه قليلاً واستمرّ في ذلك .... أقطع حبل السلحفاة."

فعل الغزال والغراب ما قال .... وحاول الصيّاد أن يمسك الغزال وابتعد عن .... السلحفاة، فقطع الجرذ الحبل ونجَت .... ورجع الصيّاد الى شبكته بعد أن .... كثيراً فوجد حبله مقطوعاً، ثم فكّر فيما .... الغزال فظنّ أن هذه أرض .... وسَحَرة. فخاف وهرَب الى .... ثم رجع الجرذ والغراب .... والغزال الى مكانهم وعاشوا آمنين.

د. للمناقشة والإنشاء

١. علّق: "وما فائدة العيش بدون الأصحاب؟"

٢. كيف أنقذ الجرذ والغُراب والغزال السلحفاة بعد أن ربطها الصيّاد بحبل؟

الجرذ والناسك

١

قال الجُرَذ للسلَحفاة: "كنت أعيش في بيت رجل ناسك وليس في البيت زوجة أو أولاد، وكان الناس يُحضِرون للناسك طعاماً فيأكل منه حتى يشبع ويضع الباقي في سلّة. وكنتُ أنتظر حتى يخرج الناسك فأقفز الى السلة وآكل الطعام الذي فيها وأرمي ببعضه للجرذان الأخرى، فحاول الناسك أن يُعلّق* السلّة في مكان لا أستطيع القفز اليه فلم يقدر. وفي ليلة من الليالي زاره ضيف فأكلا وجلسا يتحدّثان، فقال الناسك للضيف: "من أين جئت والى اين انت ذاهب؟" وكان الضيف قد زار بلاداً بعيدة ورأى عجائب كثيرة، فبدأ يحدّث الناسك عن رحلاته، ثم رآني الناسك فبدأ يُصفّق* بيديه ليُبعدني عن السلة، فغضب الضيف وقال: "أنا أحدّثك وأنت تهزأ بحديثي، لماذا طلبت مني أن أحدّثك؟" فاعتذر له الناسك وقال: "إنني أصفق لأبعد جرذاً تَحيّرت* في أمره فكلّما وضعتُ طعاماً في بيتي أكله." قال الضيف: "هل هو جرذ واحد أم جرذان كثيرة؟" قال الناسك: "جرذان البيت كثيرة، ولكن هناك جرذ واحد لا أقدر على التخلّص* منه. قال الضيف: "لا بدّ من سبب لقدرته على القفز الى

سلّتك، أحضر لي فأساً وسأحفر في جُحره حتى أعرف سرّه."

فاستَعار الناسك فأساً من جيرانه وأعطاه للضيف وأنا في ذلك الوقت في جحر غير جحري أسمع كلامهما، وفي جُحري كيس فيه مئة دينار لا أعرف من وضعها فيه، فحفر الضيف في الجحر ووجد الدنانير فأخذها وقال للناسك: "لولا هذه الدنانير لما استطاع الجرذ أن يقفز الى سلتك، فإن المال أعطاه قدرة وحكمة، وسترى بعد هذا اليوم أنه لن يستطيع القفز الى سلّتك."

كلمات جديدة

سَلّة	basket	عَجيبة (ج. عَجائب)	wonder, marvel
هَزِئ-يهزأ	to ridicule	قُدرة	ability
فَأس	ax	حَفَر-يحفِر	to dig
استعار-يستَعير	to borrow	لَولا	if not
حِكْمة	wisdom		

أ. إجابات قصيرة

١. أين كان الناسك يضع باقي الطعام؟

....

٢. ماذا فعل الجرذ بالطعام الذي في السلّة؟

....

٣. لماذا غضب الضيف؟

....

٤. لماذك ان الناسك يصفّق؟

....

٥. لماذا استعار الناسك فأساً؟

....

٦. ماذا كان في جُحر الفأر؟

....

ب. استعمل الكلمات التالية في جُمَل.

أحضَر-يحضِر، شبع-يشبَع، الباقي، انتظر-ينتظر، رمى-يرمي، استطاع-يستطيع، زار-يزور، طَعام

ج. املأ الفراغات.

قال الجُرَذ للسلَحفاة: "كنت أعيش في .... رجل ناسك وليس في البيت زوجة أو أولاد، وكان .... يُحضرون للناسك طعاماً فيأكل منه .... يشبع ويضع الباقي في .... وكنتُ أنتظر حتى يخرج الناسك فأقفز الى السلة وآكل .... الذي فيها وأرمي ببعضه للجرذان ....، فحاول الناسك أن يعلّق .... في مكان لا أستطيع القفز اليه فلم .... وفي ليلة من .... زاره ضيف فأكلا وجلسا يتحدّثان، فقال .... للضيف: "من أين جئت والى اين انت ....؟" وكان الضيف قد زار بلاداً .... ورأى عجائب كثيرة، فبدأ يحدّث الناسك عن ....، ثم رآني الناسك فبدأ يصفّق .... ليُبعدني عن السلة، فغضب .... وقال: "أنا أحدّثك وأنت تهزأ بحديثي، .... طلبت مني أن أحدّثك؟" فاعتذر له .... وقال: "إنني أصفق لأبعد جرذاً تحيّرت في .... فكلّما وضعتُ طعاماً في بيتي ...." قال الضيف: "هل هو جرز .... أم جرذان ....؟" قال الناسك: "جرذان البيت ....، ولكن هناك جرذ .... لا أقدر على التخلّص ...." قال الضيف: "لا بدّ من سبب لقدرته .... القفز الى سلّتك، أحضر لي .... وسأحفر في جحره حتى أعرف ...."

الجرذ والناسك

٢

وفي اليوم التالي اجتمعت الجرذان التي كانت في البيت وقالت: "سنموت من الجوع ولا يمكن أن يساعدنا أحد غيرك." فذهبتُ الى المكان الذي كنتُ أقفز منه الى السلّة وحاولتُ القفز عدّة مرّات فلم أقدر. وعندما رأت الجُرذان ضَعفي تَركَتني* وذهبَت الى أعدائي، فقلتُ في نفسي: "إنّ الإخوان والأصدقاء إخوان وأصدقاء بالمال، ومن لا مال له لا صديق له، والفقر هو أكبر المصائب."

وكنتُ قد رأيت الضيف عندما أخذ الدنانير وأعطى نصفها للناسك، فقلتُ في نفسي: "اذا أخذتُ جزءاً من مال الناسك ووضعته في جُحري، ربّما ترجع لي قوتي ويرجع بعض أصحابي." وعندما وصلت الى رأس الناسك كان الضيف يقِظاً وبيده عصا فضربني على رأسي ضربة موجِعة* فهربتُ الى جحري واختبأت، وعندما ذهب الألم رجعتُ مرّة ثانية فرآني الضيف وضربني بعصاه ضربة قويّة نزل منها دمي وكدتُ أموت. ومنذ ذلك الوقت كرِهتُ* المال، وقلت في نفسي: "إنّ الطمع في المال هو سبب مصائب الدنيا." ثم خرجتُ من بيت الناسك وعشتُ في البريّة، وكانت صداقتي مع حمامة هي السبب في صداقتي مع الغراب، ثم ذكر لي الغراب عن صداقته بكِ فأحببت المَجيء لأنني أكره الوحدة، فليس في الدنيا شيء أفضل من الأصحاب.

كلمات جديدة

ضَعْف	weakness	يَقِظ	awake
كاد-يكاد	to be on the verge of	طَمَع	greed
البرّيّة	the wild	وَحْدة	being alone

أ. إجابات قصيرة

١. ماذا فعلت الجُرذان الأخرى عندما لم يقدر الجرذ (الذي يروي القصّة) أن يقفز الى السلّة؟

....

٢. لماذا اقترب الجرذ من الناسك وهو نائم؟

....

٣. ماذا حدث له عندما فعل ذلك؟

....

٤. ماذا فعل الجرذ بعد أن ضربه الضيف وأنزل دمه؟

....

ب. استعمل الكلمات التالية في جُمَل.

عصا، كرِه-يكرَه، مال، الدُنيا، عاش-يعيش، أفضَل

ج. املأ الفراغات.

وفي اليوم التالي اجتمعت .... التي كانت في .... وقالت: "سنموت من .... ولا يمكن أن يساعدنا أحد ...." فذهبتُ الى المكان الذي كنتُ .... منه الى السلّة وحاولتُ القفز عدّة مرّات فلم .... وعندما رأت الجُرذان ضَعفي تركَتني .... الى أعدائي، فقلتُ في ....: "إنّ الإخوان والأصدقاء إخوان .... بالمال، ومن لا مال له لا .... له، والفقر هو أكبر ...."

وكنتُ قد رأيت الضيف .... أخذ الدنانير وأعطى نصفها
............، فقلتُ في نفسي: "اذا أخذتُ جزءاً من .... الناسك ووضعته
في جُحري، ربّما .... لي قوتي ويرجع بعض ...." وعندما
وصلت الى رأس الناسك كـان .... يقظاً وبيده عصا فضربني على
.... ضربة موجِعة فهربتُ الى .... واختبأت، وعندما ذهب الألم
رجعتُ مرّة .... فرآني الضيف وضربني بعصاه ضربة .... نزل
منها دمي وكدتُ .... ومنذ ذلك الوقت كرهتُ المال، .... في
نفسي: "إنّ الطمع في المال هو .... مصائب الدنيا." ثم خـرجتُ من
.... الناسك وعشتُ في ....، وكانت صداقتي مع حمامة هي
.... في صداقتي مع الغراب، ثم ذكر لي .... عن صداقته بكِ
فـأحـبـبـت المجيء لأنني أكـره ....، فليس في الدنيا شيء أفضل من
....

د. للمناقشة والإنشاء

علّق:

١. "إنّ الإخوان والأصدقاء إخوان وأصدقاء بالمال، ومن لا مال له لا صديق له، والفقر
هو أكبر المصائب."

٢. "إنّ الطمع في المال هو سبب مصائب الدنيا."

باب البوم والغربان

عداوة البوم والغربان

قال الغراب الخامِس للملك:

يُحْكى أنّ جماعة من الطيور لم يكن لها ملك، فاتّفقت على أن يكون البوم ملكاً عليها، وبينما هي مُجتَمِعة* جاء غراب فاستشارَته الطيور في ذلك فقال: "لماذا تُملّكون* البوم عليكم؟ فهو أقبح الطيور وأقلّها عَقلاً، ولا يرى الا في الليل والطيور الأخرى نائمة، وهو كثير الغضب وليس في قلبه رَحْمة، وهو كذلك معروف بالكذب والخِداع، وأسوأ الملوك الملك الكاذب الخدّاع." فلما سمعت الطيور كلام الغراب قرّرت أن لا تملّك البوم.

وكان بوم يسمع كلام الغراب، فقال له: "لماذا قلتَ هذا الكلام عن البوم وهي لم تفعل بِك شيئاً؟ لقد غرَستَ* بكلامك هذا شَجَر العداوة بيننا وبينكم ايّها الغربان."

ثم ذهب البوم وهو غضبان الى ملكه وأخبره بما قال الغراب للطيور. وبعد ذلك ندم الغراب ندماً شديداً على ما قاله، ولكن لم يستطع عمل شيء لتغيير ما حدث.

كلمات جديدة

mind, sense	عَقْل	it is said, related	حُكِيَ - يُحكى
hostility, enmity	عداوة	worst	أسْوَأ

أ. إجابات قصيرة

....

١. لماذا لا يصلح (to be suitable, fit) البوم لأن يكون ملكاً على الطيور في رأي الغراب؟

....

٢. ماذا قال البوم للغراب بعد أن سمع كلامه؟

....

ب. ما هو عكس؟

اتّفق، جاء، أقبح، أقلّ، ليل، أسوأ، كاذب، عَداوة، بَعد، كثير

ج. املأ الفراغات.

يُحْكى أنّ جماعة من .... لم يكن لها ملك، فاتّفقت على أن يكون

.... ملكاً عليها، وبينما هي مُجتمعة جاء .... فاستشارَته الطيور في

ذلك فقال: "لماذا تملّكون .... عليكم؟ فهو أقبح .... وأقلّها عقلاً، ولا يرى

الا في .... والطيور الأخرى نائمة، وهو كثير .... وليس في قلبه

رحمة، وهو كذلك .... بالكذب والخِداع، وأسوأ الملوك الملك ....

............" فلما سمعت الطيور كلام .... قرّرت أن لا تملّك ....

وكان بوم يسمع كلام .... فقال له: "لماذا قلتَ هذا الكلام عن ....

وهي لم تفعل بك شيئاً؟ لقد .... بكلامك هذا شَجر العداوة بيننا ....

ايّها الغربان."

ثم ذهب البوم وهو .... الى ملكه وأخبره بما قال الغراب ....

وبعد ذلك ندم الغراب .... شديداً على ما قاله، ولكن لم .... عمل شيء

لتغيير ما ....

د. للمناقشة والإنشاء

كيف بدأت العداوة بين البوم والغِربان؟

عاشت جماعة من الفِيَلة في أرض لم ينزل عليها المطر مدّة طويلة، فجاعت وعطِشت وشكت ذلك الى ملكها، فأرسل الملك رُسُله للبحث عن ماء في كلّ مكان. ثمّ رجع واحد من الرسل وأخبر الملك أنه وجد ماء كثيراً في عين اسمها "عين القمر"، فذهب الملك مع أصحابه الى العين ليشربوا. وكانت العين في أرض الأرانب، فمشت الفِيلة على الأرانب وهي في جحورها وقتلت منها عدداً كبيراً، فاجتمعت الأرانب مع ملكها وتشاورَت فيما يجب عمله، فطلب أرنب معروف بالحكمة والأدب اسمه "فيروز" أن يذهب الى الفيلة بنفسه ويتحدّث اليها، وسمَح له الملك بذلك.

ذهب فيروز الى الفيلة في ليلة مُقمرة ونادى ملكها من جبل قريب وقال له: "معي رسالة من القمر اليك." قال ملك الفيَلة: "وما في الرسالة؟" قال الأرنب: "يقول القمر إنّك مغرور بقوّتك ولا تَرحم* الضُعَفاء، وقد جئتَ الى عينه وشربتَ من مائها وخرّبتَها*، وقد أرسلني لأخبرك بأن تتوقّف عن الغرور، وإذا لم تتوقف فسيكون عقابك الموت. وإذا لم تُصدّق قَوْلي فتَعال معي الى العين حتى ترى بنفسك." فتعجّب الفيل من كلام فيروز وذهب معه الى العين، فلما نظر فيها رأى ظل القمر، فقال له

فيروز: "خُذ بعض الماء بخُرْطومك* واغسل وجهك واسجُد للقمر، فأدخل الفيل خرطومه في الماء فتحرّك الماء وفكّر الملك أنّ القمر تحرك من الغضب عليه، فسجد له وتاب عن ما فعل بالماء ووعد أن لا يشرب هو أو أيّ واحد من أصحابه من ماء العين.

كلمات جديدة

فيل (فِيَلة)	elephant	رَسول (ج. رُسُل)	messenger
غُرور	arrogance, conceit	غَسَل-يغسِل	to wash
سَجَد-يسْجُد	to kneel down	تاب-يتوب	to repent

أ. إجابات قصيرة

١. لماذا جاعت الفيلة وعطشت؟

....

٢. أين وجد الرسول الماء؟

....

٣. لماذا مات عدد كبير من الأرانب؟

....

٤. مَن هو فيروز؟

....

ب. استعمل الكلمات التالية في جمَل.

ماء، قتَل-يقتُل، حِكمة، سمَح-يسمَح، نادى-يُنادي، رِسالة، صدّق-يُصدِّق،

ج. املأ الفراغات.

عـاشت جـمـاعـة من الفِـيَلة في .... لم ينزل عليـهـا المطر مـدّة ....، فـجـاعت وعطِشت وشكت ذلك الى ....، فـأرسل الملك رُسُله للبحث عن ماء في كلّ .... ثمّ رجع واحد من الرسل وأخبر .... أنه وجد ماء كثيراً في .... اسمها "عين ...."، فذهب الملك مع أصحابه الى العين .... وكانت العين في أرض الأرانب، فمشت الفِيلة على .... وهي في جحورها وقتلت منها .... كبيراً، فاجتمعت الأرانب مع .... وتشاورَت فيما يجب عمله، فطلب .... معروف بالحكمة والأدب اسمه "................." أن يذهب الى الفيلة بنفسه ويتحدّث اليها، .... له الملك بذلك.

ذهب فيروز الى الفيلة في .... مُقمرة ونادى ملكها من جبل قريب .... له: "معي رسالة من .... اليك." قال ملك الفيَلة: "وما في ....؟" قال الأرنب: "يقول القمر إنّك .... بقوّتك ولا ترحم الضُعَفاء، وقد جئتَ الى .... وشربتَ من مائها وخرّبتَها، وقد .... لأخبرك بأن تتوقّف عن الغرور، وإذا لم .... فسيكون عقابك الموت. وإذا لم تُصدّق .... فتعال معي الى العين حتى ترى ...." فتعجّب الفيل من كلام .... وذهب معه الى العين، فلما .... فيها رأى ظل القمر، فقال له فيروز: "خُذ بعض .... بخُرطومك واغسل وجهك واسجُد ....، فأدخل الفيل خرطومه في .... فتحرّك الماء وفكّر الملك أنّ .... تحرك من الغضب عليه، .... له وتاب عن ما فعل بالماء .... أن لا يشرب هو أو أيّ واحد من .... من ماء العين.

د. للمناقشة والإنشاء

كيف احتال فيروز على الملك حتى توقّفت الفيلة عن الشرب من العين؟

الأرنب والطائر والقط

كان طائر يعيش في جُحر فَغاب عن جحره مدّة طويلة، وأثناء غيابه جاء أرنب فوجد الجحر فارغاً وسكن فيه. ثم رجع الطائر ووجد الأرنب في جحره فقال له:

الطائر: هذا بيتي.

الأرنب: لا، هذا بيتي، فأنا أسكن فيه الآن.

الطائر: لماذا لا نحتَكِم* الى القاضي، فهو قريب؟

الأرنب: ومَن هو القاضي؟

الطائر: القِط، فهو يصوم النهار ويصلّي الليل ولا يعتدي* على أحد.

ذهب الإثنان الى القطّ، فلما رآهما وقف وبدأ يصلي، فاقترَبا* منه وسلّما عليه، وطلبا منه أن يَحكُم* بينهما، فطلب منهما أن يَقُصّا عليه القصّة. وبعد أنْ قَصّ كلّ من الطائر والأرنب قصّته قال القِط: "قد كبرتُ وضعف سَمَعي، فاقترِبا منّي حتى أسمعكما،" فاقتربا منه فهجم عليهما وقتَلهما.

كلمات جديدة

أثناء	خِلال، during	قِط	cat
صام-يصوم	to fast	صَلّى-يُصلّي	to pray

أ. إجابات قصيرة

١. ما هي المشكلة التي كانت بين الطائر والأرنب؟

....

٢. لِمَن احتكما؟ لماذا؟

....

٣. كيف تمكّن القطّ من قتل الطائر والأرنب؟

....

ب. جذور وعائلات Roots and Families

اكتب الكلمات الأخرى التي تعرفها والمشتقّة من جذر كلّ من الكلمات التالية. ثم اكتب معانيها بالعربية أو الانجليزية.

(List all other words derived from the same roots as the following words and write their meanings in Arabic or English.)

نَحْتكم، يعتَدي، يَقُصّا

ج. استعمل الكلمات التالية في جُمَل.

غاب-يغيب، قاضي، قِط، صلّى-يصلّي، هجم-يهجِم

د. املأ الفراغات.

كان طائر يعيش في جُحر فغاب عن .... مدّة طويلة، وأثناء غيابه جاء .... فوجد الجحر فارغاً وسكن فيه. ثم .... الطائر ووجد الأرنب في جحره فقال ....:

الطائر: هذا بيتي.

الأرنب: لا، هذا ....، فأنا أسكن فيه الآن.

الطائر: لماذا لا .... الى القاضي، فهو ....؟

الأرنب: ومَن هو القاضي؟

الطائر: ....، فهو يصوم النهار ويصلّي .... ولا ....

ذهب الإثنان الى القطّ، .... رآهما وقف وبدأ يصلي، فاقتربا منه .... عليه، وطلبا منه أن يحكم ....، فطلب منهما أن يَقُصّا عليه .... وبعد أنْ قَصّ كلّ من الطائر .... قصّته قال القِط: "قد كبرتُ .... سَمَعي، فاقتربا منّي .... أسمعكما،" فاقتربا منه فهجم عليهما ....

الناسك واللصوص

اشترى ناسك ماعِزاً ومشى به الى بيته. وفي الطريق رآه لُصوص واتّفقوا على سرقة الماعز. فذهبوا للناسك وقال واحد منهم: "ما هذا الكلب الذي معك؟" ثم قال الثاني: "هذا ليس ناسكاً، فالناسك لا يَقود كلباً." واستمرّوا في ذلك يسألون الناسك عن الحيوان الذي معه ويقولون انّه كلب، حتى صدّق الناسك كلامهم وقال في نفسه إنّ الرجل الذي باعه* الماعز باعه كلباً وليس ماعزاً، وقد سَحَرَه* حتى ظَنّ أنّ الكلب ماعز. ثمّ ترك الماعز فأخذه اللصوص.

كلمات جديدة

ماعِز	goat	قاد-يَقود	to lead
حَيَوان	animal		

أ. إجابات قصيرة

١. ماذا اشترى الناسك؟

....

٢. على ماذا اتّفق اللصوص؟

....

٣. هل أخذ اللصوص الماعز؟

....

ب. استعمل الكلمات التالية في جُمَل.

طريق، لِصّ-لُصوص، حَيَوان، باع-يبيع، ظَنّ-يظُنّ

ج. املأ الفراغات.

اشترى ناسك ماعزاً ومشى به الى .... وفي الطريق رآه لصوص واتّفقوا على سرقة .... فذهبوا للناسك وقال .... منهم: "ما هذا الكلب الذي .... ؟" ثم قال الثاني: "هذا .... ناسكاً، فالناسك لا يقود كلباً." واستمرّوا في .... يسألون الناسك عن الحيوان الذي .... ويقولون انّه كلب، حتّى .... الناسك كلامهم وقال في .... إنّ الرجل الذي باعه الماعز .... كلباً وليس ماعزاً، وقد سحَرَه .... ظنّ أنّ الكلب ماعز. ثمّ ترك .... فأخذه اللصوص.

د. للمناقشة والإنشاء

كيف أقنع اللصوص الناسك أنّ الحيوان الذي معه كلب وليس ماعزاً؟

في يوم من الأيام كان ناسك جالساً على ساحل البحر فمرّ طائر في رجله فأرة صغيرة، فوقعت الفأرة من رجله عند الناسك فأشفَق* عليها ووضعها في وَرَقة وذهب بها الى بيته. وفي الطريق خاف أن لا تقدر زوجته على العِناية بها فطلب من ربّه أن يُحوّلها* الى بنت فتَحوّلت* الى بنت جميلة. ثم أخذها الى زوجته وطلب منها أن تربّيها وتعتني بها مثل عنايتها بأولاده.

وعندما كبُرت البنت سألها الناسك: "أصبحتِ الآن شابّة ولا بدّ لك من الزواج، فمَن تريدين أن تتزوجي؟" قالت: "أريد أن أتزوّج أقوى الأشياء."

قال الناسك: "ربما تريدين الشمس." فذهب الى الشمس وقال لها: "عندي بنت جميلة وقد طلبت أن تتزوج أقوى الأشياء وقد قلتُ في نفسي إنّ الشمس أقوى الأشياء." فقالت الشمس: "أنا لستُ أقوى الأشياء، إنّ السحاب أقوى منّي، فهو يُغَطّيني* ولا يسمح لنوري أن يصل الأرض ولا أقدر أن أعمل شيئاً."

ذهب الناسك الى السحاب وطلب منه أن يتزوج البنت، فقال السحاب: "أنا لست أقوى الأشياء فالريح أقوى مني فهو يأخذني الى الشرق والغرب ولا أقدر أن أعمل شيئاً."

ذهب الناسك الى الريح وطلب منه أن يتزوّج البنت فقال الريح: "إن الجبل أقوى مني فأنا لا أقدر أن أحَرِّكه* من مكانه."

ذهب الناسك الى الجبل فقال له الجبل: "الفأر أقوى مني، فهو يَحفِرني* ويعمل بيتاً له ولا أقدر أن أمنعه*."

ثم ذهب الناسك الى الفأر وطلب منه أن يتزوج البنت، فقال الفأر: "وكيف أتزوّجها وبيتي صغير والفأر لا يتزوج الا فأرة؟" فطلب الناسك من ربّه أن يحوّل البنت الى فأرة فتحوّلت الى أصلها وتزوّجت الفأر.

ب. اكتب معاني الكلمات التالية.

mouse	فَأر	shore	ساحِل
taking care of	عناية	piece of paper	وَرَقة
young person, youth	شابّ	to raise	رَبّى-يُرَبّي
origin	أصْل	clouds	سحاب

أ. إجابات قصيرة

١. أين كانت الفأرة قبل وقوعها؟

....

٢. لماذا طلب الناسك من ربّه أن يحوّل الفأرة الى بنت؟

....

٣. مَن أرادت البنت أن تتزوّج؟

....

ب. استعمل الكلمات التالية في جُمَل.

وضع-يَضَع، خاف-يخاف، قدر-يقدر، لا بُدّ، وصل-يصِل

ج. جذور وعائلات (انظر صفحة ١٠٨)

العناية، تُربّيها، يحفرني، خاف، وَصَل

د. املأ الفراغات.

ذهب الناسك الى السحاب وطلب .... أن يتزوج البنت، فقال ....: "أنا لست أقوى الأشياء فالريح .... مني فهو يأخذني الى .... والغرب ولا أقدر أن أعمل ...."

ذهب الناسك الى الريح .... منه أن يتزوّج البنت فقال ....: "إن الجبل أقوى مني فأنا لا .... أن أحرّكه من مكانه."

ذهب .... الى الجبل فقال له الجبل: "................... أقوى مني، فهو يحفرني ويعمل .... له ولا أقدر أن أمنعه."

ثم .... الناسك الى الفأر وطلب منه أن .... البنت، فقال الفأر: "وكيف أتزوّجها وبيتي .... والفأر لا يتزوج الا ....؟" فطلب الناسك من ربّه أن .... البنت الى فأرة فتحوّلت الى .... وتزوّجت ....

هـ. للمناقشة والإنشاء

الفكرة الرئيسية في القصّة هي أن طبيعة الأشياء لا تتغيّر. اكتب فقرة تناقش فيها هذه الفكرة.

الحيّة وملك الضفادع

هرِمت حيّة سوداء وضعف جِسمها وبَصَرها فلم تقدر على الصيد. وفي يوم من الأيام بحثت عن طعام حتى جاءت الى عيْن فيها ضفادع كثيرة، وكانت تأكل من ضفادع هذه العين قبل هَرَمها. ثم رمت نفسها قريباً من الضفادع وكان الحزن واضِحاً* عليها. فقال لها ضِفدع: "لماذا انت حزينة؟" قالت الحية: "وكيف لا أحزن وقد كنت أعيش من أكل الضفادع ولكن أصابني مرَض لا أقدر بسببه أن آكل الضفادع أو أمسكها." فذهب الضفدع الى ملك الضفادع وأخبره بما سمع من الحية، فجاء ملك الضفادع وسألها عن ما حدث، فقالت الحية: "قبل ايام كنت أبحث عن طعام في المساء فوجدت ضفدعاً وحاولت أن أمسكه* فهرب الى بيت ناسك ودخلتُ وراءه، وكان البيت مُظلِماً*، وفي البيت ابن للناسك فأمسكت بأصبعه وظننت انّه الضفدع فلَسعته* فمات، ثم هربت وتبعني الناسك وطلب من الله أنْ يُعاقبني*، وقال 'قتلتِ ابني البريء ظلماً وعدواناً، أطلب من الله أن تذلّي وتصيري مَركباً* لملك الضفادع، ولا تستطيعي مسك الضفادع أو أكلها الا ما يعطيك ملكها،' فجئت اليك لتركبني وأنا راضية." فرح ملك الضفادع بذلك وظنّ أنه شرف عظيم وأحبّ ركوب الحيّة كثيراً.

وبعد أن رَأت الحية ذلك قالت لملك الضفادع: "أنت تعرف أيها الملك أنّني جائعة وأرجوك أن تعطيني طعاماً آكله، فقال ملك الضفادع: "طبعاً لا بدّ لك من طعام تأكلينه حتى أركبك." وأمر للحية بضفدعين كل يوم. فعاشت الحية ولم يؤذِها أن تكون مركباً لعدوّها.

كلمات جديدة

body	جِسْم	to get old	هرِم
injustice	ظُلْم	sadness	حُزْن
to be humiliated	ذَلّ–يذُلّ	aggression	عُدوان

أ. إجابات قصيرة

١. لماذا لم تقدر الحيّة على الصيد؟

....

٢. ماذا قالت الحيّة للضفدع الذي سألها عن سبب حُزنها؟

....

٣. كيف مات ابن الناسك؟

....

٤. لماذا فرح ملك الضفادع؟

....

ب. استعمل الكلمات التالية في جُمَل.

أسود–سَوداء، حزين، عَظيم، جائع

ج. جذور وعائلات.

الحُزْن، ظُلماً، وعُدواناً، مَركَباً، شَرَف، حزين، عظيم، جائع

د. املأ الفراغات.

هرِمت حيّة سوداء وضعف .... وبصرها فلم تقدر على .... وفي يوم .... بحثت عن طعام حتى جاءت الى .... فيها ضفادع كثيرة، وكانت .... من ضفادع هذه العين قبل هرمها. ثم رمت .... قريباً من الضفادع وكان الحزن .... عليها. فقال لها ضِفدع: "لماذا انت ....؟" قالت الحية: "وكيف لا .... وقد كنت أعيش من أكل الضفادع ولكن أصابني .... لا أقدر بسببه أن آكل الضفادع أو أمسكها." فذهب .... الى ملك الضفادع وأخبره بما سمع من ....، فجاء ملك الضفادع وسألها عن ما حدث، .... الحية: "قبل ايام كنت أبحث عن .... في المساء فوجدت ضفدعاً وحاولت أن أمسكه فهرب الى بيت ناسك ودخلتُ وراءه، وكان البيت مظلماً، وفي البيت .... للناسك فأمسكت بأصبعه .... انّه الضفدع فلسعته فمات، ثم .... وتبعني الناسك وطلب من .... أن يعاقبني، وقال 'قتلتِ ابني .... ظلماً وعدواناً، أطلب من الله أن تذلّي وتصيري .... لملك الضفادع، ولا تستطيعي مسك .... أو أكلها الا ما يعطيك ملكها،' فجئت .... لتركبني وأنا راضية." فرح .... الضفادع بذلك وظنّ أنه شرف .... وأحبّ ركوب الحية ....

هـ. للمناقشة والإنشاء

١. ماذا قالت الحيّة لملك الضفادع عن مرضها؟

٢. كيف حصلت الحيّة عل طعام من ملك الضفادع؟

١

يُحكى أن ألف غراب كانت تعيش في شجرة كبيرة وبجانب الشجرة مغارة تعيش فيها الف بومة. وكانت البوم لا تُحبّ الغربان والغربان لا تحبّ البوم. وفي ليلة من الليالي هجم ملك البوم مع أصحابه على الغربان وقتل وجَرَح وأسر كثيراً منها. وفي صباح اليوم التالي اجتمعت الغربان وقالت لملكها: "قد رأيتَ ما حدث لنا في الليلة الماضية، فقد قتلت البوم وجرحت كثيراً منا، وهي الآن تعرف مكاننا وسترجع وتهجم علينا مرّة ثانية، فماذا نفعل؟" وكان بين الغربان خمسة معروفة بالعلم والحِكمة يشاورها الملك ويأخذ برأيها في الأوقات الصعبة. فسأل الملك الغراب الأول عن رأيه، فردّ الغراب: "قال العلماء اذا كان عدوّك قويّ ولا تقدرعلى مُحاربته* فاهرُب منه." فقال الملك للثاني: "وما رأيك أنت؟" قال: "رأيي مثل رأي صاحبي وهو أن نهرب." قال الملك: "لن نهرُب من وطننا ونتركه للعدو من أوّل مصيبة تُصيبنا، ويجب أن نستعدّ ونقاتله بكل قوّتنا حتى ننتَصر* عليه."

ثم قال الملك للثالث: "وما رأيك أنت؟" قال: "رأيي أن ننشُر الجواسيس لنعرف هل عدونا يريد الحرب أم الصُلح أم المال، فإذا كان يريد الصلح والمال نقبل الصلح ونُعطيه المال حتى نحمي أنفسنا منه." قال الملك للرابع: "ما رأيك في الصُلح؟" فردّ الغراب الرابع: "رأيي أن نترك هذا المكان ونَصبر* على الغُربة، فالغربة أفضل من الخُضوع* للعدو الذي نحن أشرف منه، ولن تقبل البوم الصلح الا بشروط صعبة، ويقول المَثل 'اقترِب من عدوّك قليلاً حتى تحصل على حاجتك منه ولا تقتَرِب منه كل القُرْب لأنك تُذلّ نفسك وتُظهِر* له ضعفك'.

كلمات جديدة

مَغارة	cave	بومة (ج. بوم)	owl
جرَح-يجرَح	to wound, injure	أسَر	to take as a prisoner
وَطَن	homeland	نَشَر-ينشُر	to spread
مُصيبة	disaster	جاسوس (ج. جَواسيس)	spy
صُلْح	سلام، peace, reconciliation	حَمى-يَحمي	to protect
غُربة	exile, diaspora	شَرْط (ج. شُروط)	condition

أ. إجابات قصيرة

١. أين عاشَت البوم؟

....

٢. ماذا فعلَت البوم في الليل؟

....

٣. ماذا كان رأي الغراب الأوّل والثاني؟

....

٤. هل وافق الملك على رأي أيٍ (any one) من الغِربان الثلاثة الأولى؟

....

ب. ما هو مُرادِف (synonym) أو عكس كلّ من الكلمات التالية؟

رَدّ، صَعب، قَويّ، وافَق-يوافِق، انتَصَر-ينتصِر، حَرْب، أفضَل، أشرَف، قبِل-يقبَل، قليلاً، أظهَر-يُظهِر، ضَعْف

ج. املأ الفراغات.

يُحكى أن ألف غراب كانت .... في .... كبيرة وبجانب الشجرة .... تعيش فيها الف بومة. وكانت .... لا تحب الغربان .... لا تحب البوم. وفي .... من .... هجم ملك البوم مع أصحابه على .... وقتل وجَرَح وأسر كثيراً منها. وفي .... اليوم التالي اجتمعت الغربان .... لملكها: "قد رأيتَ ما حدث لنا في الليلة ....، فقد قتلت البوم وجرحت .... منّا، وهي الآن تعرف مكاننا .... وتهجم علينا مرّة ثانية، فماذا ....؟" وكان بين الغربان خمسة معروفة .... والحِكمة يشاورها الملك ويأخذ برأيها في .... الصعبة. فسأل الملك .... الأول عن رأيه، فردّ الغراب: "قال .... اذا كان عدوّك قويّ ولا تقدرعلى .... فاهرب منه." فقال الملك ....: "وما رأيك ....؟" قال: "رأيي مثل .... صاحبي وهو أن نهرب." قال الملك: "لن نهرُب من .... ونتركه للعدو من أوّل .... تُصيبنا، ويجب أن نستعدّ .... بكل قوّتنا حتى ننتصر ...."

د. للمناقشة والإنشاء

ماذا كانَت آراء الغِربان الأربعة الأولى فيما يجب عمله بالبوم؟

البوم والغربان

٢

قال الملك للخامس: "ما رأيك أنت؟ الحرب أم الصلح أم ترْك الوطن؟" فردّ الغراب الخامس: "ليس لنا فائدة في قتال عدوّ أقوى منا، ومَن يقاتل عدوّه وهو يعرف أنّه أقوى منه فهو كَمَن يقتل نفسه. هذا ما يمكن أن أقوله لك أمام الغربان، ولكن هناك سرّ لا أريد أن يسمعه غيرك،" فخرجت الغربان الأخرى وبقي هو والملك.

قال الوزير الخامس للملك: أمّا الحرب فأنت تعرف أنني أكرهها، ولكن عندي حيلة ربما نحصل فيها على ما نريد ونتخلّص من البوم. أريد منك أن تنقرني* أمام الغربان وتنتف ريشي وذَنَبي وترميني تحت هذه الشجرة ثم تذهبوا جميعاً الى مكان كذا. وأرجو أن أعرف كل أسرار البوم ثمّ أرجع لكم ونهجم عليها ونهزمها* إن شاء الله." ثم فعل الملك ما طلب منه الغُراب الخامس وطارت الغربان، وظلّ تحت الشجرة

يئِنّ ويشكو من الوجع.

وبينما هو على هذه الحال سمعته البوم، فذهبَت الى ملكها وأخبرَته بذلك، فجاء الى الغراب وأمر واحداً من البوم أن يسأله عن اسمه، وعندما ذكر اسمه قال واحد من البوم للملك: "هذا وزير ملك الغربان." فسأله ملك البوم لماذا هو على تلك الحال، فأجاب الغراب: "إنّ ملكنا استشارنا بعد هجومكنّ علينا، فقلتُ له اننا لا نقدر على قِتال البوم لأنها أقوى منا، ورأيي أن نطلب الصلح والسلام وندفع المال، لأنه لو قامت الحرب بين البوم والغربان فستنتصر البوم، والسلام أفضل من الحرب، فغضبت مني الغربان واتّهمَتني* بالخيانة وبمساعدة البوم، وعذّبتني* وتركتني تحت هذه الشجرة."

لمّا سمع ملك البوم ما قال الغراب قال لوزير من وُزرائه: "ما رأيك في قول الغراب؟" قال الوزير: "هذا وزير ملك الغربان وهو كذّاب غدّار ورأيي أن نقتله ونستريح منه، ومن وجد عدوّه ضعيفاً ولم يقتله ندم عندما يقوى عدوّه."

كلمات جديدة

وَزير (ج. وُزَراء)	minister, advisor	نَتَف-ينتِف	to pluck
ريش	feathers	ذَنَب	ذَيْل، tail
أنّ-يئِنّ	to moan	هُجوم	attack

أ. إجابات قصيرة

١. لماذا خرجَت الغِربان وبقي الغُراب الخامس والملك؟

....

٢. هل يحبّ الغراب الخامس الحَرْب؟

....

٣. هل وافق ملك الغِربان على خطّة الغراب الخامس؟

....

٤. ماذا كان رأي وزير البوم الأوّل فيما يجب عمله بالغُراب؟

....

ب. استعمل الكلمات التالية في جُمَل.

وطَن، فائدة، ظلّ-يظلّ، شكا-يشكو، وزير، دفَع-يدفَع، مُساعَدة، ندِم

ج. جذور وعائلات

أسرار، استشارَنا، هُجومكنّ، مُساعدة، يستريح

د. املأ الفراغات.

قال الوزير الخامس للملك: أمّا .... فأنت تعرف أنني أكرهها، ولكن عندي .... ربما نحصل فيها على ما نريد ونتخلّص من .... أريد منك أن تنقرني .... الغربان وتنتف ريشي وذَنَبي وترميني .... هذه الشجرة ثمّ تذهبوا جميعاً الى .... كذا. وأرجو أن أعرف كل أسرار .... ثمّ أرجع لكم ونهجم عليها ونهزمها ....

..............." ثم فعل الملك ما طلب منه .... الخامس وطارت الغربان، وظلّ تحت .... يئنّ ويشكو من ....

وبينما هو على هذه الحال سمعته ....، فذهبَت الى ملكها وأخبرَته بذلك، .... الى الغراب وأمر واحداً من .... أن يسأله عن اسمه، وعندما ذكر .... قال واحد من البوم للملك: "هذا .... ملك الغربان." فسأله ملك البوم لماذا هو على تلك ....، فأجاب الغراب: "إنّ ملكنا استشارنا .... هجومكنّ علينا، فقلتُ له اننّا لا .... على قِتال البوم لأنّها أقوى ....، ورأيي أن نطلب الصلح .... وندفع المال، لأنه لو قامت الحرب بين .... والغربان فستنتصر البوم، .... أفضل من الحرب، فغضبت مني الغربان .... بالخيانة وبمساعدة ....، وعذّبتني وتركتني تحت هذه ...."

هـ. للمناقشة والإنشاء

١. ماذا كانَت خطّة الغراب الخامس للتخلّص من البوم؟

٢. ماذا قال الغُراب الخامس لملك البوم عن ما حدَث له؟

٣

قال ملك البوم لوزير آخر: "وما رأيك؟" قال الوزير: "رأيي أن لا نقتله، فهو ضعيف وخائف وقد نستفيد* منه." ثمّ قال ملك البوم لوزير آخر: "وما رأيك أنت في الغراب؟" قال الوزير: "رأيي أن يبقى معنا وأن نعامله* بلُطف فقد نستفيد من رأيه ونصيحته، والعاقل يرى أنّ في العداوة بين أعدائه وفي قتال بعضهم بعضاً خير له."

فقال الوزير الأول الذي أشار بقتل الغراب: " لا تَنْخَدع* ايها الملك بكلام الغُراب، فهو كاذب خدّاع." ولكنّ ملك البوم لم يسمع قوله وأمر بحمل الغراب الى بيوت البوم وبإكرامه*.

وفي يوم من الأيام قال الغراب لملك البوم: "أيّها الملك، انّك تعرف ما فعلَتْ بي الغربان، ولن يستريح قلبي حتى أنتقم منها، وقد فكّرتُ في طريقة للانتقام، وإذا وافق الملك على أنْ أحرق نفسي وأدعو ربّي أنْ يحوّلني الى بوم لأنتقم من الغربان

فسأفعل ذلك ." فقال الوزير الذي أشار بقتله: "انّك لن تتغيّر حتى لو حَرَقنا جسمك، وسترجع الى أصلك مثل الفأرة التى خُيّرت بين الشمس والريح والسحاب والجبل فاختارت الفأر.

ولكنّ ملك البوم لم يسمع نصيحة وزيره وأبقى الغراب وزاد في إكرامه. وبعد مدّة قوي الغراب ونبَت ريشه وعرف كلّ أسرار البوم، ثم طار الى الغربان وقال لملكها: "قد حقّقتُ* ما أردتُ تحقيقه* وما عليك الاّ أن تَسمع وتطيع." فقال له الملك: "أنا وجنودي تحت أمرك، فافعل ما تريد." فطار الغُراب وأصحابه الى الجبل الذي فيه البوم وطلب من الغِربان أن تجمع حطباً وترميه في بيوم البوم، ثم أحضر ناراً ورماها على الحَطَب، ورفرَفَت* الغربان بأجنحتها حتى اشتعلت النار واحترقت* البوم وماتت.

كلمات جديدة

لُطْف	kindness	أشار-يُشير	to advise
قَلْب	heart	خُيِّر	to be given the choice
اختار-يختار	to choose	نبَت	to grow
ما عليك الاّ	the only thing you have to do	حَطَب	firewood
جَناح (ج. أجنِحة)	wing	اشتعَلَ-يشتَعِل	to blaze

أ. إجابات قصيرة

١. ماذا قرّر ملك البوم أن يفعل بالغُراب؟

....

٢. لماذا قال الغُراب لملك البوم إنّه يريد أن يحرِق نفسه؟

....

٣. لماذا ذكَر وزير البوم قصّة الفأرة التي اختارَت الفأر ؟

....

٤. لماذا جمعَت الغِربان الحطَب؟ أين رمَته؟

....

ب. استعمل الكلمات التالية في جُمَل.

استَفاد-يستَفيد، نفسي، ربّ، حوّل-يحوِّل، فعل-يفعَل، حقّق-يحقِّق، تحت أمرك

ج. جذور وعائلات (صفحة ١٠٨)

نُعامله، وبإكرامه، فاختارَت، تَحقيقه، استَفاد

د. املأ الفراغات.

وفي .... من .... قال الغراب لملك البوم: "أيّها ....، انّك تعرف ما فعلَتْ بي الغربان، ولن .... قلبي حتى أنتقم منها، وقد فكّرتُ في .... للانتقام، وإذا وافق الملك على أنْ أحرق .... وأدعو ربّي أنْ يحوّلني الى .... لأنتقم من الغربان فسأفعل ذلك ." فقال .... الذي أشار بقتله: "انّك لن .... حتى لو حَرقنا جسمك، وسترجع الى .... مثل الفأرة التى خُيّرت بين .... والريح والسحاب .... فاختارت ....

ولكن ملك البوم لم يسمع نصيحة .... وأبقى الغراب وزاد في .... وبعد مدّة قوي الغراب ونبَت ريشه وعرف كلّ .... البوم، ثم طار الى الغربان .... لملكها: "قد حقّقتُ ما أردتُ .... وما عليك الاّ أن تَسمع وتطيع." فقال له ....: "أنا وجنودي تحت ....، فافعل ما تريد." فطار الغُراب وأصحابه الى .... الذي فيه البوم وطلب من .... أن تجمع .... وترميه في بيوم البوم، ثم أحضر .... ورماها على الحَطَب، ورفرَفَت .... بأجنحتها حتى اشتعلت النار واحترقت .... وماتت.

هـ. للمناقشة والإنشاء

١. علّق على الجُملة التالية: "العاقل يرى أنّ في العداوة بين أعدائه وفي قتال بعضهم بعضاً خير له."

٢. كيف تخلّصَت الغِربان من البوم؟

٣. من أهمّ الأفكار في قصّة البوم والغِربان هي أنّ الضعيف يقدر على تحقيق هدفه باستعمال الحيلة. اكتُب فقرة أو فقرتين عن:

أ. كيفيّة تحقيق الغربان لهدفها باستعمال الحيلة، **أو**،

ب. قصّة أخرى تعرفها أو تؤلّفها يستعمل فيها الضعيف الحيلة لتحقيق هدفه.

و. قراءة إضافيّة

هذه القصّة تظهر كما هي في كتاب "كليلة ودمنة" الأصلي، بدون تبسيط. إقرأها وأجب على الأسئلة.

اللص والشيطان

قال الوزير: "زعموا أنّ ناسكاً أصاب من رجل بقرة حَلوبة فانطلَق بها يقودها الى منزله، فعرض له لِصّ أراد سرقتها وتبِعه شيطان يريد اختطافه. فقال الشيطان للصّ: "مَن أنت؟" قال: "أنا اللصّ أريد أنْ أسرق هذه البقرة من الناسك اذا نام، فمن أنتَ؟" قال: "أنا الشيطان أريدُ اختطافه اذا نام وأذهب به." فانتهيا على هذا الى المنزل، فدخل الناسك منزله ودخلا خلفه، وأدخل البقرة فربطها في زاوية المنزل وتمشّى ونام. فأقبل اللصّ والشيطان يأتمِران فيه واختلفا على من يبدأ بشُغله أوّلاً، فقال الشيطان للصّ: "إنْ أنتَ بدأتَ بأخذ البقرة ربّما استيقظ وصاح واجتمع الناس فلا أقدر على أخذه فانتظِرني ريثما آخذه وشأنك وما تريد." فأشفق اللصّ إنْ بدأ الشيطان باختطافه أنْ يستيقظ فلا يقدر على أخذ البقرة، فقال: "لا، بَل أنظرني أنتَ حتى آخذ البقرة وشأنك وما تُريد، فلم يزالا في المُجادلة هكذا حتى نادى اللصّ أيّها الناسك انتبه فهذا الشيطان يريد اختطافك، ونادى الشيطان أيّها الناسك انتبه فهذا اللص يريد أنْ يسرق بقرتك، فانتبه الناسك وجيرانه بأصواتهما وهرب الخبيثان.

أسئلة

١. ماذا أراد اللص؟

٢. ماذا أراد الشيطان؟

٣. هل نجح اللص والشيطان فيما أرادا عمله؟ لماذا؟

بعض الكلمات الصعبة

زعَم	قال	أصاب	حَصَل على
انطلَق	ذهب	عرَض	ظهر، التقى بـ، تعرّض
تبِع	مشى وراء	اختطاف	أخْذ، kidnapping
انتهى	وصَل	يأتمِر	يتشاور أو يتآمر، they consult, conspire
رَيثما	حتّى	أشفَق	خاف
أنظِر	أمهِل، انتظِر	شأنك وما تُريد	يُمكنك أن تفعل ما تريد
الخبيث	الشخص السيّء		

باب القِرد والغَيلم[1]

القِرْد والغَيلَم

١

يُحكى أنّ قِرداً كان ملك القرود، وبعد أنْ هرِم هجم عليه قرد شابّ من مملكته وأخذ مكانه، فهرب الملك حتى جاء الى ساحل البحر فوجد شجرة تين وتسلّقها* وعملها بيتاً له. وبينما كان يأكل التين في يوم من الأيام سقطت تينة من يده ووقعَت في الماء فأعجبه صوتها، فاستمرّ يأكل ويرمي بعض التين في الماء. وكان في الماء غَيْلَم، وكلّما وقعت تينة أكلها. ولمّا كثر التين الذي رماه القرد ظنّ الغَيلَم أنّ القرد يفعل ذلك من أجله، فأحبّ مصادقته وكلّمه فأحبّ القرد كلامه وصارا صديقين، وبدآ يقضيان وقتاً طويلاً معاً على ساحل البحر.

ولمّا طال غياب الغَيلَم عن زوجته قلِقت وخافت أنّه مات، وأخبرت جارتها

[1] الغيلم هو ذكر السلاحف (male turtle).

بذلك فقالت الجارة: "إنّ زوجك عند الساحل، وقد صاحب قِرداً وهو يقضي وقته معه، ولن يرجع اليك الا اذا مات القرد." قالت الزوجة: "وماذا أعمل؟" قالت الجارة: "عندما يرجع تظاهري أنّك مريضة، وإذا سألك فقولي إنّ الأطبّاء قالوا 'لا يَشفيني* الا قلب قرد'."

عندما رجع الغَيلَم الى بيته وجد زوجته حزينة، فسألها عن سبب حُزنها، فأجابته* الجارة: "إنّ زوجتك مريضة وقد وصف لها الأطبّاء قلب قرد، وليس لها دواء غيره."

قال الغَيلَم: "هذا أمر صعب، من أين أجيء بقلب قرد؟ ولكن سأحتال على صديقي."

كلمات جديدة

تينة (ج. تين)	fig	صَوْت	sound
يَفعَل	يعمل	مِن أجلِه	for him, for his sake
قَضى-يقضي	to spend (time)	مَعاً	مع بعضهم البعض، together
طال-يطول	to be long	قلِق-يقلَق	to be worried
طبيب (ج. أطبّاء)	doctor	وصَف-يصِف	to prescribe

أ. إجابات قصيرة

١. مَن هجم على ملك القُرود؟

....

٢. أين عمل الغَيلَم بيتاً؟

....

٣. ماذا حدث عندما سقطَت تينة مِن يد القرد في الماء؟

....

٤. لماذا قلِقَت زوجة الغَيلَم؟

ب. استعمل الكلمات التالية في جمل.

ساحل البحر، كلّم-يكلِّم، طبيب-أطبّاء، قَلْب، حَزين، أجاب-يُجيب، دواء

ج. املأ الفراغات.

يُحكى أنّ قِرداً كان ملك القرود، وبعد أنْ .... هجم عليه قرد شابّ من مملكته وأخذ ....، فهرب الملك حتى جاء الى .... فوجد شجرة تين وتسلّقها وعملها .... له. وبينما كان يأكل التين في .... سقطت تينة من يده ووقعَت في .... فأعجبه صوتها، فاستمرّ يأكل .... بعض التين في .... وكان في الماء غَيْلَم، وكلّما وقعت .... أكلها. ولمّا كثر التين الذي رماه .... ظنّ الغَيلَم أنّ القرد يفعل ذلك من ....، فأحبّ مصادقته وكلّمه فأحبّ .... كلامه وصارا صديقين، وبدأ يقضيان .... معاً على ....

ولمّا طال غياب الغَيلَم عن .... قلِقت وخافت أنّه مات، وأخبرت .... بذلك فقالت الجارة: "إنّ زوجك عند ....، وقد صاحب قِرداً وهو يقضي .... معه، ولن يرجع اليك الا اذا .... القرد." قالت الزوجة: "وماذا أعمل؟" قالت الجارة: "عندما .... تظاهري أنّك مريضة، وإذا سألك فقولي .... الأطبّاء قالوا 'لا يشفيني الا ....'."

د. للمناقشة والإنشاء

١. كيف بدأتْ صداقة القِرْد والغيلَم؟

٢. ماذا اقترَحَت (suggest) الجارة على زوجة الغيلَم؟

٢

ثمّ ذهب الغَيلَم الى ساحل البحر فقال له القرد: "لماذا تأخّرت يا أخي؟ ماذا حدث؟" قال الغَيلَم: "إنّ حيائي منك أخّرني، فلا أعرف كيف أردّ جميلك*، وأريد أن تزورني في بيتي، فأنا ساكن في جزيرة فيها فاكهة طيّبة، اركب على ظهري وأنا أسبح بك." فأحبّ القرد ذلك ونزل عن الشجرة وركب على الغَيلَم، فسبح به حتى تَغَلغَل* في الماء، ثم توقّف وكان يبدو عليه القلَق، فسأله القرد: "لماذا أنتَ قَلِق يا صاحبي؟" قال الغَيلَم: "إنّ زوجتي مريضة ولن أتمكّن من إكرامك* كما أريد." قال القرد: "أرجوك أن لا تفكر بذلك أبداً، فصداقتنا أهم من الطعام والشراب."

ثمّ استمر الغَيلَم في السباحة مدّة وتوقّف مرة ثانية، فعرف القرد أنه ينوي له الشرّ، فقال في نفسه: "لا بُدّ من سبب لغيابه عنّي وتوقّفه في البحر الآن." فقال للغَيلَم: "ما الذي يُقلقك يا صاحِبي؟" قال الغَيلَم: "يُقلقني أنّك عندما تصل الى بيتي لن تجده كما أحبّ لأنّ زوجتي مريضة." قال القرد: "لا تقلق، فإن القلق لا يُفيد، ولكن

ابحث عن عِلاج* لزوجتك حتى تشفى من مرضها." قال الغَيلَم: "صدَقْتَ، ولكن قال الأطباء لا يشفي زوجتي الا قلب قرد."

قال القرد في نفسه: "لقد وقعتُ في ورطة كبيرة، وأنا الآن بحاجة الى عَقلي حتى أخرج من ورطتي." ثم قال للغيلم: "لماذا لم تقُل لي هذا الكلام وأنا في الشجرة، فإنّ من عادتنا نحن القرود أنّه اذا ذهب واحد منّا لزيارة صديقه ترَك قلبه في بيته حتى اذا نظر الى زوجة صديقه لم يكن قلبه معه." قال الغَيلَم: "وأين قلبك الآن؟" قال القرد: "تركتُه في الشجرة. ارجع معي وسأعطيه لك." ففَرح* الغَيلَم وقال: "لقد أعطاني صديقي ما أريد دون أنْ أغدُر به." ثم رجع بالقرد الى الشجرة، وعندما وصل الساحل قفز القرد عن ظهره وتسلّق الشجرة ولم ينزل. وبعد أن انتظر الغَيلَم قليلاً ناداه قائلاً: "لماذا تأخّرت يا صديقي؟ احمل قلبك وانزل من الشجرة." قال القرد: "أيّها الغبي، هل تعتقد أنني مثل الحمار الذي قال ابن آوى إنّه ليس له قَلب أو أذُنان؟" قال الغَيلَم: "وكيف كان ذلك؟"

كلمات جديدة

حَدَث–يحدُث	to happen	حَياء	shyness, embarrassment
فاكِهة	fruit	ظَهْر	back
بدا–يبدو	to seem	شَرّ	evil ،عكس خير
أفاد–يُفيد	to be of use, benefit ،نفَع–ينفَع	بحاجة	in need
عادة	custom	غدَر–يغدُر	to betray
أُذُن	ear		

أ. إجابات قصيرة

١. أين يسكُن الغيلَم؟

....

٢. كيف سيذهَب القِرد الى بيت الغيلَم؟

....

٣. لماذا كان الغَيلَم قَلِقاً؟

....

٤. ماذا قال الغيلَم للقِرد عن سبب قلقه عندما توقّف في المرّة الثانية؟

....

٥. ما هي عادة القُرود التي ذكرها القِرد للغيلَم؟

....

٦. لماذا فرِح الغَيلَم؟

....

٧. ماذا فعل القِرد عندما وصل الغيلَم الى الساحِل؟

....

ب. استعمل الكلمات التالية في جُمَل.

تأخّر-يتأخّر، فاكِهة، طيّب، سبَح-يسبَح، تمكّن-يتمكّن، الطَعام والشراب، شرّ، وقَع-يقَع، عَقْل، ترَك-يترُك، فرِح-يفرَح

ج. جذور وعائلات

تأخّر، تَمكّن، طعام، شَراب، عَقْل، سِباحة

د. املأ الفراغات.

ثمّ ذهب الغَيلَم الى ساحل .... فقال له القرد: "لماذا تأخّرت يا ....؟ ماذا حدث؟" قال الغَيلَم: "إنّ حيائي منك ....، فلا أعرف كيف أردّ ....، وأريد أن تزورني في بيتي، فأنا .... في جزيرة فيها فاكهة ....، اركب على ظهري وأنا أسبح بك." فأحبّ .... ذلك ونزل عن الشجرة وركب على ....، فسبح به حتى تغلغل في ....، ثم توقّف وكان يبدو عليه ....، فسأله القرد: "لماذا أنتَ قَلِق يا ....؟" قال الغَيلَم: "إنّ زوجتي .... ولن أتمكّن من إكرامك كما ...." قال القرد: "أرجوك أن لا تفكّر بذلك ....، فصداقتنا أهمّ من ...."

ثمّ استمر الغَيلَم في السباحة مدّة وتوقّف ....، فعرف القرد أنه ينوي له ....، فقال في نفسه: "لا بُدّ من .... لغيابه عنّي وتوقّفه في البحر ...." فقال للغَيلَم: "ما الذي يُقلقك يا ....؟" قال الغَيلَم: "يُقلقني أنّك عندما تصل الى .... لن تجده كما أحبّ لأنّ ...." قال القرد: "لا تقلق، فإن .... لا ....، ولكن ابحث عن .... لزوجتك حتى تشفى من ...." قال الغَيلَم: "صدَقْتَ، ولكن قال الأطباء لا يشفيَ ...."

هـ. للمناقشة والإنشاء

١. لماذا دعا الغيلمُ القِرد لزيارته؟

٢. كيف نجا القِرْد من غدْر الغَيلَم؟

ابن آوى والأسد والحمار

قال القِرْد:

كان أسد يعيش في غابة وكان معه ابن آوى يأكل من فُضُلات طعامه. ثم مرض الأسد وضعف كثيراً وحاول الصيد ولم يقدر. فقال له ابن آوى: "لماذا انت حزين يا ملك الحيوانات؟" قال الأسد: "إنّني مريض، وليس هناك دواء لي الا قلب حِمار وأذناه." قال ابن آوى: "ما أسهل هذا! فأنا أعرف حماراً بمكان كذا، وسأجيء لك به." ثم ذهب الى الحمار وسلّم عليه وقال: "لماذا أنت ضعيف هكذا؟" قال الحمار: "إنّ صاحبي لا يطعمني شيئاً." فقال ابن آوى: "وكيف ترضى بالبقاء عنده؟" قال الحمار: "ليس هناك فائدة من الهَرَب، فكلّما ذهبتُ الى مكان آخَر جُعت وتعِبت مثلما أنا جائع الآن." قال ابن آوى: "أنا أدلّك على مكان بعيد لا يصله إنسان، فيه عشب كثير وحمير كثيرة ليس هناك أجمل وأسْمن منها." قال الحمار: "ولماذا ننتظر*؟ لنذهب الآن."

أخذ ابن آوى الحمار الى الغابة التي يعيش فيها الأسد، وتركه بجانبها وذهب الى الأسد وأخبره عن مكان الحمار، فذهب الأسد الى الحمار وهجم عليه فلم يستطع أن

يقتله بسبب ضعفه، وهرب الحمار من شِدّة الخوف. وعندما رأى ابن آوى أنّ الأسد لم يقدر على قتْل الحمار، قال: "يا ملك الحيوانات، أنت ضعيف الى هذا الحدّ؟" فقال الأسد: "إذا جئتَ به مرّة ثانية فلن يهرب مني أبداً."

ثم ذهب ابن آوى الى الحمار، وقال له: "لماذا هربت؟ إنّ الحمير هجمت عليك لقوّة شهوتها، ولو بقيتَ في مكانك لهدأتْ وعشتَ معها حياة سعيدة." فلما سمع الحمار ذلك قويت شهوته ونهق بصوت عالٍ وأسرع الى الأسد، وسبقه ابن آوى وأخبر الأسد بمكانه وقال: "استعدّ له حتى لا يهرب منك هذه المرة، وإذا هرب فلن يرجع أبداً." فتَحمّس* الأسد وأسرع الى مكان الحمار وهجم عليه وقتله. ثم قال لابن آوى: "قال الأطباء يجب أن أغتسل* قبل أن آكل قلب الحمار وأذنيه. احتفظ* به حتى أرجع." ولما ذهب الأسد ليغتسل أكل ابن آوى قلب الحمار وأذنيه حتى يتَشاءم الأسد ولا يأكل منه شيئاً. وعندما رجع سأل ابن آوى عن قلب الحمار وأذنيه فقال ابن آوى: "لو كان له قلب وأذنان لما رجع لك بعد أن نجا من الموت في المرّة الأولى."

كلمات جديدة

فُضُلات	بقايا، leftovers	دَلّ-يدُلّ	to show, guide
سَمين	fat	حَدّ	extent, degree
شَهوة	lust	هَدأ-يهدأ	to calm down
سَعيد	مسرور، happy	نهَق-ينهَق	to bray
سبَق-يسبِق	to precede	اسْتَعدّ-يسْتَعِدّ	to be ready
تَشاءم-يتشاءَم	to perceive an evil omen		

أ. إجابات قصيرة

١. ماذا كان ابن آوى يأكل؟

....

٢. لماذا لم يقدِر الأسد على الصيد؟

....

٣. ما هو دواء الأسد؟

....

٤. لماذا ليس هناك فائدة من الهرَب للحمار؟

....

٥. لماذا لم يقدر الأسد أن يقتل الحمار في المرّة الأولى؟

....

٦. لماذا أكل ابن آوى قلب الحمار وأذنيه؟

....

ب. استعمل الكلمات التالية في جُمَل.

مرِض-يمرَض، ضعُف-يضعُف، صَيْد، قدِر-يقدِر، سلَّم-يسلِّم على، جاع-يجوع، انتظَر-ينتظِر، غابة، احتفظ-يحتفِظ، نجا-ينجو

ج. املأ الفراغات.

كان أسد يعيش في غابة وكان معه .... آوى يأكل من فُضُلات .... ثم مرض الأسد وضعف .... وحاول الصيد ولم .... فقال له ابن آوى: "لماذا انت حزين يا .... الحيوانات؟" قال الأسد: "إنني .... وليس هناك دواء لي الا .... وأذناه." قال ابن آوى: "ما .... هذا! فأنا أعرف حماراً بمكان ....، وسأجيء لك به." ثم ذهب الى الحمار وسلّم عليه ....: "لماذا أنت ضعيف هكذا؟" قال ....: "إنّ صاحبي لا يطعمني ...." فقال ابن آوى: "وكيف ترضى بالبقاء ....؟" قال الحمار: "ليس هناك فائدة من ....، فكلّما ذهبتُ الى مكان

آخر جُعت .... مثلما أنا جائع الآن." قال .... آوى: "أنا أدلّك على مكان .... لا يصله إنسان، فيه عشب .... وحمير كثيرة ليس هناك .... وأسْمن منها." قال الحمار: "ولماذا ....؟ لنذهب الآن."

أخذ ابن آوى الحمار الى .... التي يعيش فيها الأسد، وتركه بجانبها وذهب الى .... وأخبره عن مكان ....، فذهب الأسد الى الحمار وهجم عليه فلم .... أن يقتله بسبب ضعفه، وهرب .... من شِدّة الخوف. وعندما رأى ابن .... أنّ الأسد لم يقدر على قتل ....، قال: "يا ملك الحيوانات، أنت ضعيف ....؟" فقال الأسد: "إذا جئتَ به مرّة .... فلن يهرب مني ...."

د. للمناقشة والإنشاء

علّق: "لو كان له قلب وأذنان لما رجع لك بعد أن نجا من الموت في المرّة الأولى."

هـ. قراءة إضافيّة

هذه قصّة "ابن آوى والأسد والحمار" كما وردت في كتاب "كليلة ودمنة" دون تغيير. تمثّل القصّة في هذه الصيغة اللغة الفصحى في عصورها الأولى، وصيغتها المبسّطة أعلاه الفصحى الحديثة. قارن بين الصيغتين وبيّن بعض الفروق اللغويّة بينهما. مثلاً يكثر استعمال كلمة "زعموا" في بداية القصص في الفصحى القديمة، وليس في الفصحى الحديثة.

This is the story ابن آوى والأسد والحمار in its original form. It represents the form of Arabic referred to as *Classical Arabic* (CA). The simplified version represents what is known as *Modern Standard Arabic* (MSA). Compare the two, and show as many differences between them as you can. For example, the word زعموا is frequently used to begin a narration in CA but not in MSA.

قال القرد: زعموا أنّه كان أسد في أجَمة وكان معه ابن آوى يأكل من فُضُلات طعامه، فأصاب الأسدَ جَرَبٌ وضَعُف ضَعْفاً شديداً وجَهِد فلم يستطع الصيد. فقال له ابن آوى: "ما بالك يا سيّد السباع قد تغيّرت أحوالك؟" قال: "هذا الجرب الذي قد أجهدني وليس له دواء الا قلب حمار وأذناه." قال ابن آوى: "ما أيسر هذا! وقد عرفتُ بمكان كذا حماراً من قصّار يحمل عليه ثيابه وأنا آتيك به." ثم دَلَف الى الحمار فأتاه

وسلّم عليه وقال: "مالي أراك مهزولاً؟" قال: "ما يُطعمني صاحبي شيئاً." فقال له: "وكيف ترضى المقام معه على هذا الحال؟" قال: "مالي حيلة للهرب منه فلست أتوجّه الى جهة الاّ أضرّ بي إنسان فكدّني وأجاعني."

قال ابن آوى: "فأنا أدلّك على مكان مَعزول عن الناس لا يمرّ به انسان، خصيب المرعى فيه أتان لم ترَ عينٌ مثلها حُسْناً وسُمْناً." قال الحمار: "وما يحبسنا عنها؟ فانطلق بنا اليها." فانطلق به نحو الأسد وتقدّم ابن آوى ودخل الغابة على الأسد وأخبره بمكان الحمار، فخرج اليه وأراد أن يثِب عليه فلم يستطع لضعفه، وتخلّص الحمار منه فأفلت هلِعاً على وجهه.

فلمّا رأى ابن آوى أنّ الأسد لم يقدر على الحمار، قال: "يا سيّد السباع، أَعجزتَ الى هذه الغاية؟" فقال له: "إنْ جئتني به مرّة أخرى فلن ينجو مني أبداً." فمضى ابن آوى الى الحمار فقال له: "ما الذي جرى عليك، إن الأتان لشدة غُلْمتها وهَيَجانها وثَبت عليك، ولو ثَبَتَّ لها لَلانَت لك." فلما سمع الحمار ذلك هاجت غُلمته ونهَق وأخذ طريقه الى الأسد، فسبقه ابن آوى الى الأسد وأعلمه بمكانه وقال له: "استعدّ له فقد خدعته لك فلا يدركنّك الضعف في هذه النَوْبة، فانّه إنْ أفلت لن يعود معي أبداً." فجاش جأش الأسد لتحريض ابن آوى له وخرج الى موضع الحمار فلما بصر به عاجله بوثبة افترسَه بها. ثم قال: "قد ذكرت الأطبّاء انه لا يُؤكل الا بعد الغسل والطهور، فاحتفظ به حتى أعود فآكل قلبه وأذنيه وأترك ما سوى ذلك قوتاً لك." فلما ذهب الأسد ليغتسل عمَد ابن آوى الى الحمار فأكل قلبه وأذنيه رجاء أن يتطيّر الاسد منه فلا يأكل منه شيئاً. ثم إنّ الأسد رجع الى مكانه فقال لابن آوى: "اين قلب الحمار وأذناه؟" قال ابن آوى: "أوَ لم تعلم أنّه لو كان له قلب وأذنان لم يرجع اليك بعد ما أفلت ونجا من الهلكة؟"

باب الناسك وابن عرس

الناسك وابن عُرس والحيّة

كان ناسك يعيش في بلاد "جرجان" وكانت له زوجة جميلة، وكانا يتمنّيان* أن يكون لهما ولد. وبعد انتظار طويل حَمَلت* الزوجة ففرِحَت وفرح زوجها بذلك فَرَحاً عَظيماً وشكرا الله كثيراً. ثم قال الناسك لزوجته: "أرجو الله أن تلدي ولداً أختار له أحسن الأسماء وأعلّمه كل العلوم." قالت الزوجة: "لماذا تتكلم بما لا تعرف، إنّ مَن فعل ذلك أصابه ما أصاب الناسك الذي ضرَب الجرّة بعصاه فسال السمن والعسل على رأسه."

ثم ولدت المرأة ولداً جميلاً ففرح به أبوه. وبعد أيّام أرادت المرأة أن تذهب الى الحمّام فقالت لزوجها: "اقعد عند ابننا حتى أرجع." ثم خرجت وتركت زوجها والولد. وبعد قليل جاء رسول الملك وطلب من الناسك أن يذهب معه. فلم يجد الناسك مَن يتركه في البيت مع ابنه الا ابن عرس كان قد ربّاه وهو صغير، وكان يحبّه كما يحب ابنه، فتركه وأغلق البيت وذهب مع الرسول.

وأثناء غياب الأب والأمّ خرجت حيّة من جُحر في البيت، واقتربت من الولد، فهجم عليها ابن عُرس، وقتَلها، وقطّعها*، وامتلأ فمه من دمها. ثم رجعَ الناسك وفتح الباب فاستقبله ابن عرس وهو مَسرور* بما فعل بالحية. فلما رآه الناسك ورأى الدم على فمه ظنّ أنّه قتل ابنه، فضربه على رأسه وقتله. ثم دخل فرأى الولد سليماً وبجانبه حيّة مقطّعة*. فعرف أنّ ابن عرس قد أنقذ* ابنه من الحيّة، فغضب من نفسه غضباً شديداً، وندم لأنه قتل ابن عرس في عَجَلة، وتمنّى لو أنّه لم يولد له ولد وبقي ابن عرس حيّاً. ثم دخلت زوجته فوجدته حزيناً، فسألته عن سبب حزنه فأخبرها بالقصة، فقالت: "هذه نتيجة العَجَلة."

كلمات جديدة

fat	سَمْن	jar	جَرّة
weasel	ابن عُرْس	honey	عَسَل
sound, in good health	سَليم	to be filled	امتَلأ-يمتَلئ
hurry	عَجَلة	to save	أنقَذ-يُنقِذ

أ. إجابات قصيرة

١. ماذا كان يتمنّى الناسك وزوجته؟

....

٢. الى أين ذهب الناسك وزوجته بعد ولادة ابنهما بأيّام؟

....

٣. مَن بقي مع الولد في البيت بعد خروجهما؟

....

٤. ماذا فعل ابن عُرس بالحيّة؟

....

٥. ماذا فعل الناسك بابن عُرس عندما رجع؟ لماذا؟

....

٦. لماذا حزِن الناسك؟

....

ب. استعمل الكلمات التالية في جُمَل.

ناسِك، فرِح، عَظيم، وجد-يجِد، شَديد، نَتيجة

ج. املأ الفراغات.

ثم ولدت المرأة ولداً .... ففرح به أبوه. وبعد أيّام أرادت .... أن تذهب الى .... فقالت لزوجها: "اقعد عند ابننا حتى ...." ثم خرجت وتركت زوجها .... وبعد قليل جاء رسول الملك وطلب من .... أن يذهب معه. فلم يجد الناسك .... يتركه في البيت مع ابنه الا .... كان قد ربّاه وهو صغير وكان يحبّه كما .... ابنه، فتركه وأغلق البيت .... مع الرسول.

وأثناء غِياب الأب والأمّ خرجت .... من جُحر في البيت واقتربت من .... فهجم عليها ابن عُرس ....، وقطّعها، وامتلأ فمه من دمها. ثم رجَع .... وفتح الباب فاستقبله ابن عرس وهو .... بما فعل بالحية. فلما رآه الناسك ورأى .... على فمه ظنّ أنّه قتل ابنه، فضربه على .... وقتله. ثم دخل فرأى الولد .... وبجانبه حيّة مُقطّعة. فعرف أنّ .... قد أنقذ ابنه من ....، فغضب من نفسه غضباً ....، وندم لأنه قتل ابن عرس في ....، وتمنّى لو أنّه لم يولد له .... وبقي ابن عرس .... ثم دخلت زوجته فوجدته ....، فسألته عن سبب .... فأخبرها بالقصة، فقالت: "هذه ...."

د. للمناقشة والإنشاء

علّق على جملة "هذه نتيجة العَجَلة."

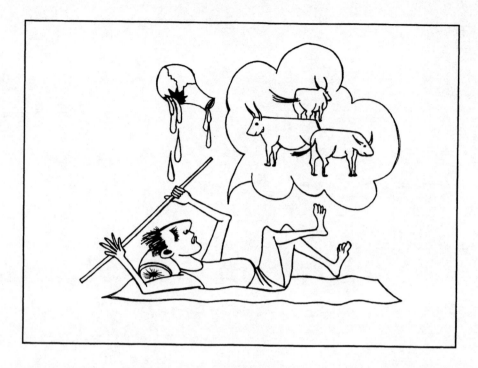

كان ناسك يعيش في بيت قريب من بيت رجل غنيّ، وكان الرجل الغني يُعطيه كل يوم سمناً وعسلاً يأكل منهما ما يكفيه ويضع الباقي في جَرّة. وكانت الجرّة مُعلّقة في زاوية من زوايا البيت.

في يوم من الأيام استَلقى* الناسك على ظهره وعصاه في يَده، وكانت الجرّة فوق رأسه، فنظر اليها وهي مملوءة، وبدأ يفكّر في غَلاء السمن والعسل، فقال في نفسه: "سأبيع السمن والعسل، وأشتري بثمنهما عشر عَنزات، وسَتَلِد* العنزات كل خمسة أشهر مرّة، ثم تكبر أولادها وتَلِد، وبعد سنوات قليلة سيكون عندي أربع مئة عنزة، ثم أبيعها وأشترى بثمنها مئة بقرة، وبعد ذلك سأشتري أرضاً وأستأجر عُمّالاً وأزرع الأرض وأبيع الحليب وثِمار الأرض بمال كثير، وقبل أنْ تَمُرّ خمس سنوات أخرى سأصبح غنيّاً فأبني بيتاً كبيراً وسيعمل في بيتي عَبيد وخَدَم كثيرون، ثم أتزوّج امرأة جميلة فَتَلِد ولداً جميلاً سأختار له أحسن الأسماء، وعندما يكبر أعلّمه الكتابة والقراءة وكلّ العُلوم، ولكن سأكون شديداً عليه، فإذا قبِل ذلك مني رضيتُ منه، وإذا لم يقبل ضربتُه بهذه العصا." وأشار* بيده الى الجرّة فكسرها وسال السمن والعسل على وجهه.

كلمات جديدة

ثِمار	fruit, produce	عَبْد (ج. عَبيد)	slave
خادِم (. خَدَم)	servant	قَبِل-يقبَل	to accept

أ. إجابات قصيرة

١. أين كان الناسك يضع باقي السمن والعسَل؟

....

٢. ماذا سيفعَل الناسك بعد أن يبيع السمن والعسَل؟

....

٣. ماذا سيفعَل الناسك بعد أن يُصبح غنياً؟

....

٤. ماذا سيفعَل الناسك بعد أن تلد زوجته؟

....

٥. ماذا حدَث للسمن والعسل؟ لماذا؟

....

ب. استعمل الكلمات التالية في جُمَل.

باقي، ظَهْر، استأجَر-يستأجِر، مال، مرّ-يمُرّ، رضي-يرضَى، ضرَب-يضرِب، اختار-يختار

ج. جذور وعائلات

وتَلِد، وأزرَع، عَبيد، استأجَر-يستأجِر، مَرّ-يمُرّ

د. املأ الفراغات.

كـان ناسك يعـيش في بيت قـريب من .... رجل ....، وكـان الرجل الغني يُعطيه كل .... سمناً .... يأكل منهما ما يكفيه ويضع في جَرّة. وكانت الجرّة مُعلّقة في .... من زوايا ....

في يوم من .... استَلقى الناسك على .... وعصاه في ....، وكانت الجرّة فوق ....، فنظر اليها وهي مملوءة، وبدأ يفكّر في .... السمن ....، فقال في نفسه: "سأبيع .... والعسل، وأشتري بثمنهما عشر ....، وستَلِد العنزات كل خمسة .... مرّة، ثم تكبر أولادها وتَلِد، .... سنوات قليلة سيكون .... أربع مئة عنزة، ثم أبيعها .... بثمنها مئة ....، وبعد ذلك سأشتري .... وأستأجر عُمّالاً وأزرع الأرض .... الحليب وثِمار الأرض بمال ....، وقبل أنْ تَمُرّ خمس .... أخرى سأصبح غنيّاً فأبني .... كبيراً وسيعمل في بيتي .... وخَدَم كثيرون، ثم أتزوّج امرأة .... فَتَلِد ولداً جميلاً سأختار له .... الأسماء، وعندما يكبر أعلّمه .... والقراءة وكلّ العُلوم، ولكن سأكون .... عليه، فإذا قبِل ذلك مني .... منه، وإذا لم يقبل .... بهذه العصا،" وأشار بيده الى .... فكسرها وسال السمن .... على وجهه.

باب الجرَذ والسِنّور[1]

عاش قِطّ في جُحر تحت شجرة كبيرة، وكان قريباً منه جُحر جُرَذ. وكان الصيّادون يجيئون الى ذلك المكان لصيد الحيوانات والطيور. وفي يوم من الأيام نصب صيّاد شبكته في مكان قريب من القطّ فوقع فيها، ثم خرج الجرذ يبحث عن طعام وهو خائف، فرأى القطّ في الشبكة وفرح. ثم نظر وراءه فرأى ابن عُرس يريد أن يهجم عليه، ونظر في الشجرة فرأى بوماً يريد خَطْفه، فخاف اذا رجع أن يقتله ابن عرس واذا تقدّم الى الأمام أنْ يقتله القط، واذا ذهب الى اليمين او الشِمال أن يخطفه البوم. ثم فكّر قليلاً وقال في نفسه: "لن أنجو من هذه الورطة الا بمصالحة* القِطّ، فإنّه في ورطة مثلي، فربُّما نتخلّص من الورطة معاً." ثم اقترب من القط وقال له:

الجرذ: كيف حالك؟

---

[1] السِنّور هو القطّ.

القِط: كما تُحب في ورطة كبيرة.

الجرذ: وأنا اليوم شريكك في المُصيبة، فابن عرس ورائي والبوم في الشجرة، وهما عدوّان لك ولي، واذا انتَ أمّنتني فسأقطع شبكتك وأنجو وتنجو أنت من الورطة.

القِطّ: أنتَ في أمان، واذا قطعتَ حبال شبكتي فسوف أشكرك طول حياتي.

الجرذ: سأقطع كل الحبال الاّ حبلاً واحداً سأبقيه حتى أتأكد أنك لن تقتلني.

عندما رأى البوم وابن عرس اقتِراب الجرذ من القط فقدا الأمل في صيْد الجرذ وانصرفا*. ثم أبطأ الجرذ في قطع الحبال فقال له القطّ: "لماذ كنتَ تقطع الحبال بسرعة قبل انصراف البوم وابن عرس، ولكنّك تغيّرت وأبطأت؟ ماذا حدث لوعدك وللاتفاق بيننا؟" قال الجرذ: "سأفي لك بالوعد الذي وعدتُه، ولكنّك ما زلتَ عدوّي وأنا أخاف منك، وسأقطع كل الحبال الا حبلاً واحداً أقطعه عندما أرى الصياد." ثم استمرّ في قطع الحبال، وبينما هو يقطعها رأى الصياد فقال القط: "الآن جاء الجِد، أسرع في قطع الحبال." فأسرع الجرذ وقطع الحبال كلّها فقفز القطّ الى الشجرة ودخل الجرذ في جحر والصيّاد ينظر اليهما مندهِشاً*. ثم أخذ شبكته المقطّعة ورجع الى بيته.

وبعد قليل خرج الجرذ من جحره فناداه القط: "يا صديقي لماذا لا تقترب مني حتى أجازيك لأنّك أنقذتَني من الموت؟" وحلَف أنّه لن يؤذيه، فقال له الجرذ: "إنّ العاقل اذا احتاج عدوّه أظهر له الصداقة ولكنّ الطبائع لا تتغيّر، وأنتَ أشدّ أعدائي عداوة، وقد صادقتَني لحاجة، ولكن مع ذهاب الحاجة قد ترجع العداوة، ولن يمنعك من قتلي شيء. إنّ سلامة الضعيف هي بالاحتِراس* من عدوّه القويّ. ولا أريد منك أن تكافئني على إنقاذك الا بالابتعاد* عنّي، والسلام.

كلمات جديدة

أبقى-يُبقي	to keep	تأكّد-يتأكّد	to make sure
فَقَد-يفقِد	to lose	أمَل	hope
أبطأ-يُبطِئ	to slow down	وَفى-يَفي	to fulfill (a promise)
ما زال	still	جِدّ	seriousness
جازى-يُجازي	to reward	طَبيعة (ج. طبائع)	nature
كافأ-يُكافئ	جازى-يُجازي، to reward		

أ. إجابات قصيرة

١. أين عاش القطّ والجُرَذ؟

....

٢. مَن وقَع في الشبكة؟

....

٣. لماذا قرّر الجُرَذ مُصالحة القطّ ومساعدته؟

....

٤. لماذا انصرف البوم وابن عُرس؟

....

ب. استعمل الكلمات التالية في جُمَل.

ورْطة، مَعاً، شَريك، أمّن-يؤمِّن، فقد-يفقِد الأمَل، تغيَّر-يتغيَّر

ج. جذور وعائلات

مُصالَحة، أظهَر-يُظهِر، عداوة، بالابتِعاد، شَريك، أمّن-يؤمّن

د. املأ الفراغات.

عندما رأى البوم وابن عرس اقتِراب .... من القطّ فقدا الأمل في صيْد الجرز وانصرفا. ثم أبطأ الجرز في .... الحبال فقال له القطّ: "لماذ كنتَ تقطع الحبال .... قبل انصراف البوم .... ولكنّك تغيّرت وأبطأت؟ ماذا حدث لوعدك وللاتفاق ....؟" قال الجرز: "سأفي لك بالوعد .... وعدتُه ولكنّك ما زلتَ .... وأنا أخاف منك، وسأقطع كل .... الا حبلاً .... أقطعه عندما أرى الصياد." ثم استمرّ في .... ، وبينما هو يقطعها رأى الصياد فقال ....: "الآن جاء الجِد، أسرع في قطع الحبال." .... الجرز وقطع الحبال كلّها فقفز القطّ الى .... ودخل الجرز في جحر والصيّاد .... اليهما مندهِشاً. ثم أخذ شبكته .... ورجع الى ....

وبعد قليل خرج الجرز من .... فناداه القط: "يا صديقي لماذا لا تقترب مني .... أجازيك لأنّك أنقذتَني من ....؟" وحلَف أنّه لن يؤذيه، فقال له الجرز: "إنّ .... اذا احتاج عدوّه أظهر له الصداقة .... الطبائع لا تتغيّر، وأنتَ أشدّ أعدائي ....، وقد صادقتَني لحاجة، ولكن مع ذهاب .... قد ترجع العداوة، ولن يمنعك من .... شيء. إنّ سلامة الضعيف هي .... من عدوّه القويّ. ولا أريد منك أن .... على إنقاذك الا بالابتعاد عنّي، ....

هـ. للمناقشة والإنشاء

١. كيف وفى الجرز بوعده للقطّ وظلّ في أمان منه؟

٢. علّق على:

أ. "ولكن الطبائع لا تتغيّر."

ب. "وقد صادقتَني لحاجة، ولكن مع ذهاب الحاجة قد ترجع العداوة."

باب الملك والطائر فَنْزة

عاش في بلاد الهند ملك كان له طائر أحبّه كثيراً، وكان اسم الطائر "فَنْزة"، وكان للطائر فَرْخ. وكان الطائر وفرخه يتكلّمان كما يتكلم الناس.

ثم إنّ زوجة الملك ولدَت ولداً فأحبّ الولد الفرخ وبدأ يلعب* معه دائماً. وكان فنزة يذهب الى جبل ويُحضر فاكهة لا يعرفها أحد ويعطي نصفها لابنه ونصفها لابن الملك. وزادت تلك الفاكهة في نُمُوّ الفَرخ وابن الملك، وزادت بذلك مَحبّة الملك بفنزة. وفي يوم من الأيام وبينما كان فنزة غائباً في الجبل زَرَق الفرخ وهو في حِضن ابن الملك فغضب وضربه بالأرض فقتله.

وعندما رجع فنزة ورأى ابنه مقتولاً صاح وبكى من شدّة الحزن، وسبّ الملوك، ثمّ قفز وهو غضبان وفَقأ عين ابن الملك وطار الى سطح البيت. وعندما عرف الملك ما حدث لابنه حزن وغضب غضباً شديداً وأراد أن يحتال على فنزة، فاقترب منه وناداه:

الملك: انت آمن فانزل يا فنزة!

فنزة: إنّك تريد أنْ تحتال عليّ، وقد غدَر ابنك ابني فعاقبتُه على ما فعل.

الملك: نعم، لقد غدَرنا بابنك، ولكن لن نغدر بك، فارجع وعِش معنا آمناً.

فنزة: لن أرجع أبداً، فقد قال الحُكَماء ابتعد عن طالب الثأر فليس عنده أمان، وأنا سأعيش وحيداً غريباً فوداعاً لك.

الملك: نحن بدأنا بغدرك يا فنزة، وليس لك ذنب، فلماذا لا تثِق بنا؟ ارجع وانت آمن!

فنزة: إنّ الأحقاد باقية في القلب، والقلب أصدَق من اللسان، وقلبي يعرف كَذِب لسانك، وقلبك يعرف صِدق لساني. والأحقاد مُخيفة* وأشدّ الأحقاد ما في نفس الملوك.

الملك: قد سمعتُ كلامك، ولكن لا يقدر أحد أن يضرّ أو ينفع آخَراً الا بقضاء وقدر، وليس لك ذنب فيما فعلتَ بابني، وليس لابني ذنب فيما فعل بابنك، انما كان ذلك قضاء وقدراً.

فنزة: إنّ ما قُلتَ عن القضاء والقدر صحيح، ولكنّ العاقل يحترس* ويبتعد عن المخاطر. وأنا أعلم أنك لست صادقاً فيما تقول، والأمر بيننا عظيم، فإنّ ابنك قتل ابني وأنا فقأتُ عين ابنك، وأنت تريد الانتقام بقتلي وأنا لا أريد الموت. ولا خير لي في صُحبتك، فكلما تذكّرتَ ما فعلتُ بابنك وكلما تذكرتُ ما فعل ابنك بابني تغيّرت قلوبُنا ولا أمان لي عندك. والسلام.

ثم طار فنزة ولم يرجع.

كلمات جديدة

نُمُوّ	growth	مَحَبّة	حُبّ، love
زرَق-يزرُق	to drop excrement	حِضن	lap
فَقَأ-يَفقَأ	to gouge out	حَكيم (ج. حُكَماء)	wise (person)
طالِب	seeker	ثَأْر	revenge
وِداعاً	good-bye	حِقْد (ج. أحقاد)	malice
لِسان	tongue	مَخاطِر	dangers

أ. إجابات قصيرة

١. مَن كان يلعَب مع فرخ فنزة؟

....

٢. ماذا زاد في نموّ ابن الملك وفرخ فنزة؟

....

٣. لماذا قتل ابن الملك فرخ فنزة؟

....

٤. ماذا فعل فنزة بابن الملك؟

....

٥. ماذا كان الملك يُريد أن يفعل بفنزة؟

....

٦. هل وافَق فنزة على الرجوع والعيش مع الملك؟ لماذا؟

....

ب. استعمل الكلمات التالية في جُمَل.

فرخ، لعِب-يلعَب، غائب، كَذِب، صِدْق، أشَدّ، ابتعَد-يبتعِد

ج. جذور وعائلات

مُخيفة، المَخاطِر، صِدْق، أشدّ، ابتعد-يبتَعِد

د. املأ الفراغات.

عاش في بلاد الهند ملك كان له .... أحبّه كثيراً، وكان اسم الطائر ".........."، وكان للطائر فرخ. وكان الطائر .... يتكلّمان كما يتكلم ....

ثم إنّ زوجة الملك ولدَت .... فأحبّ الولد الفرخ وبدأ يلعب معه .... وكان فنزة يذهب الى جبل ويُحضر .... لا يعرفها أحد ويعطي نصفها لابنه ونصفها .... وزادت تلك الفاكهة في نُمُوّ .... وابن الملك، وزادت بذلك .... الملك بفنزة. وفي يوم من .... وبينما كان فنزة غائباً في .... زَرَق الفرخ وهو في حِضن ابن .... فغضب وضربه بالأرض ....

وعندما رجع فنزة ورأى ابنه .... صاح وبكى من شدّة ....، وسبّ الملوك، ثمّ قفز وهو .... وفقأ عين ابن الملك وطار الى .... البيت. وعندما عرف الملك ما .... لابنه حزن وغضب غضباً .... وأراد أن يحتال على .... فاقترب منه وناداه:

الملك: انت .... فانزل يا فنزة!

فنزة: إنّك .... أنْ تحتال عليّ، وقد غدَر ابنك .... فعاقبتُه على ما فعل.

الملك: نعم، لقد .... بابنك، ولكن لن نغدر بك .... وعِش معنا آمناً.

فنزة: لن .... أبداً، فقد قال الحُكَماء ابتعد عن .... الثأر فليس عنده أمان، .... سأعيش وحيداً غريباً فوداعاً ....

هـ. للمناقشة والإنشاء

علّق على الجملة: "إنّ الأحقاد باقية في القلب، والقلب أصدَق من اللسان، وقلبي يعرف كَذب لسانك، وقلبك يعرف صِدق لساني."

باب الأسد وابن آوى

١

كان ابن آوى يسكن في مغارة، وكان زاهداً لا يقتُل ولا يأكل لحماً ولا يظلم* أحداً، فغضبت منه الوحوش وطلبت منه أن يتوقّف عن الزُهد وأن يكون مثلها ويفعل مثلما تفعل فيقتل ويأكل اللحم، ولكنّ ابن آوى رفض واستمرّ على حاله. ثمّ اشتهر* بالنسك والزهد حتى سمع به أسد كان ملك تلك الناحية ، فأحبّ نُسكه وصدقه وزهده وأرسل له يطلب منه الحضور، فلما حضر طلب منه أن يكون واحداً من أعوانه. ولكن ابن آوى رَدّ قائلاً:

ابن آوى: إنّني أكره العمل مع الملوك، وليس لي خبرة في ذلك العمل، وأنتَ ملك الحيوانات وعندك أعوان كثيرون، وهناك الكثير من الحيوانات التي تحبّ العمل معك.

الأسد: لا تتكلّم هكذا، فأنا أريدك أن تعمل معي.

ابن آوى: هناك نوعان من الناس يقدرون على خدمة الملك وأنا لستُ واحداً منهما. الأوّل كذّاب مُنافق يحصل على ما يريد بكذبه ونفاقه، والثاني مُغفّل لا يحسده* أحد.

ومن أراد أن يخدم الملك بالصِدق والأمانة فلن يقدر، ولَن يسلَم مهما فعل. فالصديق ينافسه* في مكانته ويُعاديه من أجلها، والعدوّ يَحقد عليه لأنه ينصح الملك، وإذا اجتمع الصديق والعدو ففي ذلك نهاية الخادم الصادق.

الأسد: لا تخف من ظلم أعواني وحسَدهم فأنت معي وأنا أحميك من ذلك، وسأكرمك وأرفع مكانتك.

ابن آوى: إذا كان الملك يريد إكرامي فليتركني أعيش في مغارتي آمناً راضياً آكل الحَشيش وأشرب الماء، وأنا أعرف أنّ من يعمل مع الملك قد يصيبه من الأذى والخوف في ساعة واحدة ما لا يُصيب غيره طول عمره، وإنّ عمراً قصيراً في أمْن أحسن من عمر طويل في خوف وتعب.

الملك: قد فهمتُ كلامك، فلا تخف، ولا بدّ أن تكون واحداً من أعواني.

ابن آوى: اذا أصرّ الملك على ذلك فأرجو أن يعطيني وعداً أنّه اذا حاول واحد من أعوانه أن يكذب حتى يغضب الملك منّي أن يتمهّل* الملك ويتأكّد أنّ ما يسمعه صحيح.

فأعطاه الأسد وعداً، وعيّنه واحداً من أعوانه وعامَله* مُعاملة* خاصّة.

كلمات جديدة

زاهد	ascetic, self-denying	ناحية	منطقة، area
نَوْع	type	مُنافِق	hypocrite
كَذِب	lying	مَهما	whatever
عادى-يُعادي	to treat as an enemy	حَقَد-يَحقِد	to have feelings of hatred
نَصَح-يَنصَح	to advise	رَفَع-يرفَع	to raise
أصَرّ-يُصِرّ	to insist	عَيَّن-يُعيِّن	to appoint

أ. إجابات قصيرة

١. كيف كان ابن آوى يختلف عن الوحوش الأخرى؟

....

٢. لماذا طلب الملك من ابن آوى الحُضور؟

....

٣. هل أحبّ ابن آوى العمل مع الملك؟

....

٤. ما هما النوعان من الناس اللذان يمكنهما خدمة الملوك؟

....

٥. لماذا لا يقدر أحد أن يخدم الملك بالصدق والأمانة؟

....

٦. ما هو الوعد الذي طلبه ابن آوى من الملك؟

....

ب. استعمل الكلمات التالية في جُمَل.

ظلَم-يظلِم، توقّف-يتوقّف، رفض-يرفُض، لا بُدّ، غضِب-يغضَب، صَحيح، خاصّ

ج. جذور وعائلات

اشتهَر، ويعاديه، يتمهّل، ظلم-يظلِم، توقّف-يتوقّف، كذّاب، صحيح، خاصّ

د. املأ الفراغات.

كان ابن آوى يسكن في مغارة، وكان .... لا يقتُل ولا يأكل لحماً ولا

.... أحداً، فغضبت منه الوحوش وطلبت .... أن يتوقّف عن الزُهد

وأن .... مثلها ويفعل مثلما .... فيقتل ويأكل اللحم، ولكنّ ابن آوى

.... واستمرّ على حاله. ثمّ اشتهر .... والزهد حتى سمع به أسد كان

ملك .... الناحية ، فأحبّ نُسكه وصدقه .... وأرسل له يطلب منه

الحضور، فلما .... طلب منه أن يكون واحداً من .... ولكن ابن آوى

رَدّ قائلاً:

ابن آوى: إنّني أكره .... مع الملوك، وليس لي خبرة في .... العمل،

وأنتَ ملك الحيوانات وعندك أعوان .... ، وهناك الكثير من الحيوانات التي

تحبّ .... معك.

الأسد: لا تتكلّم هكذا، فأنا .... أن تعمل معي.

ابن آوى: هناك نوعان من .... يقدرون على خدمة .... وأنا لستُ

واحداً منهما. .... كذّاب مُنافق يحصل على ما .... بكذبه ونفاقه،

والثاني مُغفّل لا يحسده .... ومن أراد أن يخدم الملك بالصِدق ....

فلن يقدر، ولَن يسلَم مهما .... ، فالصديق ينافسه في مكانته ويُعاديه

.... أجلها، والعدوّ يَحقد عليه لأنه ينصح .... ، وإذا اجتمع الصديق

.... ففي ذلك نهاية الخادم ....

هـ. للمناقشة والإنشاء

لماذا رفض ابن آوى العمل مع الملك في البداية؟

١٥٨

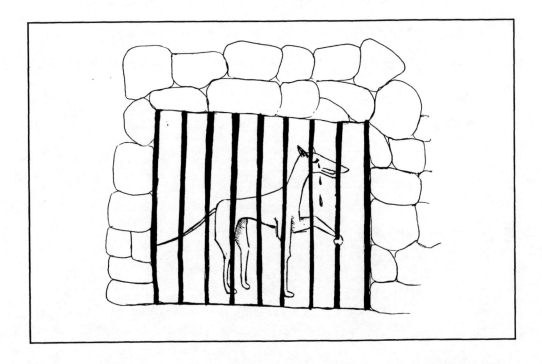

الأسد وابن آوى

٢

لمّا رأى أصحاب الملك ذلك غضبوا واتّفقوا على تحميل* الأسد عليه. وفي يوم من الأيّام أمر الأسد ابن آوى أن يحفظ قطعة لحم حتى يأكلها في وقت آخر، فأخذها ابن آوى وأعطاها لخادم الطعام حتى يحفظها. ثمّ أخذ المتآمرون قطعة اللحم وخبّأوها* في بيت ابن آوى وهو لا يعلم بذلك. وفي اليوم التالي طلب الأسد قطعة اللحم ففتّش عليها ابن آوى ولم يجدها، وجاء المتآمرون وجلسوا، ثم سأل الأسد عن اللحم مرة ثانية، فنظر المتآمرون بعضهم الى بعض، ثم قالوا:

الأوّل: سمعتُ أنّ ابن آوى خبّأ اللحم في بيته.

الثاني: لا، ابن آوى لا يفعل ذلك، ولكن لماذا لا نبحث ونتأكّد؟

الثالث: أعتقد أنّكم اذا بحثتم ستجدون اللحم في بيت ابن آوى.

الرابع: إذا وجدنا اللحم في بيت ابن آوى فهذا غَدر وخيانة، فقد عامله الملك أحسن معاملة ورفع مكانته.

الخامس: أنتم أهل العَدل والصِدق، ولكن لن نعرف الحقيقة الا اذا أرسل الملك رسولاً يفتّش بيت ابن آوى.

السادس: اذا أراد الملك تفتيش بيت ابن آوى فليفعل ذلك بسرعة لأن جواسيسه في كل مكان.

واستمرّ المتآمرون في الكلام حتى صدّقهم الملك فأمر أن يحضُر ابن آوى، وعندما حضر قال له الملك: "أين اللحم الذي أمرتك أن تحتفظ به؟" قال ابن آوى: "أعطيته لخادم الطعام حتى يحتفظ به." فدعا الأسد خادم الطعام، وكان من المتآمرين، فقال إنّ ابن آوى لم يُعطِه شيئاً، فأرسل الملك واحداً من أصحابه ليفتّش بيت ابن آوى فوجد اللحم فيه وأحضره للأسد. ثم اقترب ذئب من الأسد، وكان من الأعوان الموثوق* بهم، وقال: "يجب أن لا يعفو الملك عن ابن آوى بعد أن عرف خيانته، فإنّه اذا عفا عنه فلن يعرف خيانة خائن ولا ذنب مُذنب." فأمر الملك بحبس ابن آوى.

كلمات جديدة

conspirator	مُتآمِر	piece	قِطعة
status	مَكانة	one to the other	بعضهم الى بعض
guilty	مُذنِب	justice	عَدْل
		jailing ،سَجْن	حَبْس

أ. إجابات قصيرة

١. لِمَن أعطى ابن آوى قطعة اللحم؟

....

٢. أين خبّأ المتآمرون قطعة اللحم؟

....

٣. هل كان خادم الطعام مع ابن آوى أم ضدّه؟

....

٤. هل كان الذئب مع ابن آوى أم ضدّه؟

....

ب. استعمل الكلمات التالية في جُمَل.

قطعة لحم، علِم-يعلَم، بعضهم الى بعض، تأكّد-يتأكّد، رفع-يرفَع، فتّش-يفتِّش، ذِئب

ج. جذور وعائلات

تحميل، المتآمِرون، مكانته، مُذنِب، حفِظ-يحفَظ ، تأكّد-يتأكّد

د. املأ الفراغات.

لمّا رأى أصحاب الملك ذلك غضبوا .... على تحميل الأسد عليه. وفي يوم .... أمر الأسد ابن آوى أن يحفظ .... حتى يأكلها في وقت آخر، فأخذها .... وأعطاها لخادم الطعام حتى يحتفظ بها. ثمّ أخذ المتآمرون قطعة .... وخبّأوها في بيت ابن آوى وهو لا .... بذلك. وفي اليوم .... طلب الأسد قطعة اللحم ففتّش .... ابن آوى ولم يجدها، وجاء المتآمرون ....، ثم سأل الأسد عن اللحم ....، فنظر المتآمرون بعضهم الى ....، ثم قالوا:

الأوّل: سمعتُ أنّ ابن .... خبّأ اللحم في ....

الثاني: لا، ابن آوى لا .... ذلك، ولكن لماذا لا نبحث ....؟

الثالث: أعتقد أنّكم .... بحثتم ستجدون اللحم في .... ابن آوى.

الرابع: إذا وجدنا .... في بيت ابن آوى فهذا غَدر ....، فقد عامله الملك أحسن .... ورفع مكانته.

الخامس: أنتم أهل العَدل ....، ولكن لن نعرف الحقيقة الا اذا .... الملك رسولاً يفتّش بيت ابن ....

السادس: اذا أراد الملك .... بيت ابن آوى فليفعل ذلك .... لأن جواسيسه في كل ....

هـ. للمناقشة والإنشاء

١. كيف نجح المتآمرون في تحميل الأسد على ابن آوى؟

٢. هل حافظ الأسد على وعده الذي أعطاه لابن آوى؟

الأسد وابن آوى

٣

وبعد مدّة أرسل الأسد رسولاً الى ابن آوى يطلب منه أن يعتذر، فرجع الرسول برسالة كاذبة، فغضب الأسد وأمر بقتل ابن آوى، فعلمت أمّه بذلك وطلبت من الذين أمرهم الملك بقتل ابن آوى أن ينتظروا، ثم دخلت على ابنها وقالت: "بأيّ ذَنْب تريد قتل ابن آوى؟" فأخبرها الأسد بما حدث، فقالت: "لقد تَعجّلتَ في عِقابه، وفي العَجلة النَدامة*، والملوك بحاجة للتأنّي أكثر من غيرهم. وأنت تعرف ابن آوى وتعرف صحّة رأيه وأمانته، ولم يخُنْك* في الماضي أبداً، وليس من صحّة الرأي أن يقتل الملك وزيره من أجل قِطعة لحم، وأنت تعرف أنّ ابن آوى لا يأكل اللحم أبداً، فكيف يمكن أن يأكل اللحم الذي طلبتَ منه أن يحتفظ به؟ ربما له أعداء تآمروا عليه ووضعوا اللحم في بيته."

وبينما كانت أمّ الأسد تُحدّث ابنها دخل واحد من أصحاب الأسد وأخبره أن ابن آوى بريء. فقالت أم الأسد: "يجب على الملك أن يعتذر لابن آوى وأن يُعاقب الذين تآمروا عليه حتى لا يفعلوا ما هو أعظم مما فعلوا." فدعا الملك ابن آوى واعتذر له وطلب منه أن يستمرّ في خِدمته. فقال ابن آوى: "يجب على الملوك أن لا يصحبوا مَن عاقبوه عِقاباً شديداً." ولكن الأسد قال: "إنّي قد جرّبتك* وعرفتُ أمانتك وإخلاصك وعرفتُ كذِب الذين تآمروا عليك فابقَ عندي وستكون لك مكانة عالية وسيكون في

ذلك سُروري وسُرورك." فوافق ابن آوى على البقاء وعاش هو والأسد حياة سعيدة.

كلمات جديدة

تَأنّي	caution, acting slowly	صِحّة	correctness
سُرور	happiness		

أ. إجابات قصيرة

....

١. لماذا أمر الملك بقتل ابن آوى؟

....

٢. كيف نجا ابن آوى من المَوت؟

....

٣. في رأي أمّ الأسد، لماذا يجب عليه مُعاقبة المتآمرين؟

....

٤. هل بقي ابن آوى يعمل عند الأسد أم هل رجع الى مغارته؟

....

ب. استعمل الكلمات التالية في جُمَل.

اعتَذَر-يعتَذِر، رِسالة، دَعا-يدعو، استمرّ-يستمِرّ، خِدمة، بَقاء، عاش-يعيش، سَعيد

ج. املأ الفراغات.

وبعد مـدّة أرسل الأسد .... الى ابن آوى يطلب مـنه أن ....،

فـرجع الرسـول برسالة ....، فغضب الأسد وأمـر بقتل ....

............، فعلمت أمّه بذلك وطلبت من .... أمرهم الملك بقتل ابن آوى أن

............، ثم دخلت على ابنها وقالت: "بأيّ .... تريد قتل ابن آوى؟"

فأخبرها .... بما حدث، فقالت: "لقد تَعجّلتَ في ....، وفي العَجلة

............، والملوك بحاجة للتأنّي أكثر من .... وأنت تعرف ابن آوى

.... صحّة رأيه وأمانته، ولم يخُنْك في .... أبداً، وليس من صحّة

الرأي أن .... الملك وزيره من أجل ....، وأنت تعرف أنّ

ابن آوى لا .... اللحم أبداً، فكيف يمكن أن .... اللحم الذي طلبتَ

منه أن .... به؟ ربما له أعـداء .... عليـه ووضـعـوا اللحم في

............"

وبينما كانت أمّ الأسد تُحدّث .... دخل واحد من أصحاب ....

وأخبره أن ابن آوى .... فقالت أم الأسد: "يجب على .... أن يعتذر

لابن آوى وأن .... الذين تآمروا عليه حتى لا .... ما هو أعظم مما

............" فدعا الملك ابن آوى واعتذر .... وطلب منه أن يستمرّ في

....

د. للمناقشة والإنشاء

اكتب فقرة أو فقرتين تعلّق فيهما على قول ابن آوى: "يجب على الملوك أن لا يصحبوا
مَن عاقبوه عِقاباً شديداً."

باب اللبؤة والإسوار والشغبر[1]

عاشت لبُؤة في غابة وكان لها شِبلان. وفي يوم من الأيام خرجَت للصيد وتركت الشبلين في مغارتهما، فمرّ صيّاد وقتلهما وسلَخ جِلديهما وأخذهما. وعندما رجعت اللبؤة ورأت ما حدث لشبليها صاحت وبَكت، وكان بالقرب منها ابن آوى، فلمّا سمع صياحها جاء وسألها:

ابن آوى: لماذا تصيحين وتبكين؟ ماذا حدث؟

اللبؤة: شِبلاي قتلهما صيّاد وسلخ جلديهما ورماهما عند المغارة.

ابن آوى: لا تصيحي ولا تبكي! إنّ الصيّاد فعل بِك مثلما تفعلين بغيرك، فاصبري على ما فعل مثلما صبَر غيرك على ما فعلتِ، وقد قيل "كما تَدين تُدان".

اللبؤة: ماذا تقصد من هذا الكلام؟

ابن آوى: كم عمرك؟

اللبؤة: مئة سنة.

ابن آوى: وماذا تأكلين؟

اللبؤة: لحم الحيوانات.

ابن آوى: ومن يُطعمك ذلك اللحم؟

اللبؤة: أصيد الحيوانات وآكلها.

---

[1] اللبؤة هي أنثى الأسد، والإسوار هو الصيّاد الماهر، والشغبر هو ابن آوى.

ابن آوى: أليسَ للحيوانات التي تصيدينها آباء وأمّهات؟

اللبؤة: نعم.

ابن آوى: لماذا لا أسمع صياح وبُكاء أولئك الآباء والأمّهات مثلما أسمع صياحك وبكاءك؟

فلمّا سمعت اللبؤة كلام ابن آوى عرفت أنّ ما كانت تفعله كان ظُلماً لغيرها، فتركَت الصيد وتوقّفت* عن أكل اللحم وعاشت كَما يعيش الناسك تُصلّي ولا تعتَدي* على أحد.

كلمات جديدة

شِبل	lion cub	سلخ-يسلَخ	to skin
جِلد	skin, hide	صِياح	crying
صَبَر-يصبر	to be patient		
كَما تَدين تُدان	As others are in debt to you (now), (so) you will be in debt (to others one day).		
قَصَد-يقصِد	to mean, intend	آباء	ج. أب father
أُمّهات ج. أمّ	mother	بُكاء	crying, weeping
أولَئِك	those		

أ. إجابات قصيرة

١. ماذا حدث للشبلين عندما خرجَت اللبؤة للصيد؟

....

٢. كم عُمر اللبؤة؟

....

٣. ماذا كانَت تأكل اللبؤة قبل موت شبليها؟

....

٤. كيف تغيَّرَت اللبؤة؟

....

ب. استعمل الكلمات التالية في جمَل.

غابة، مغارة، صاح-يصيح، رمى-يرمي، حيوانات، آباء وأمّهات، صلّى-يصلّي

ج. جذور وعائلات

تَدين، يُطعِمك، تصيدينها، بُكاء، تعتدي، حيوانات، ظُلْم

د. املأ الفراغات.

ابن آوى: لماذا تصيحين ....؟ ماذا حدث؟

اللبؤة: شِبلاي قتلهما .... وسلخ جلديهما ورماهما عند ....

ابن آوى: لا تصيحي ولا تبكي! .... الصيّاد فعل بكِ مثلما تفعلين ....، فاصبري على ما فعل مثلما .... غيرك على ما فعلتِ، وقد قيل "كما .... تُدان".

اللبؤة: ماذا تقصد من هذا ....؟

ابن آوى: كم عمرك؟

اللبؤة: مئة ....

ابن آوى: وماذا تأكلين؟

اللبؤة: لحم ....

ابن آوى: ومن يُطعمك ذلك اللحم؟

اللبؤة: أصيد .... وآكلها.

ابن آوى: أليس للحيوانات .... تصيدينها آباء وأمّهات؟

اللبؤة: نعم.

ابن آوى: .... لا أسمع صياح وبُكاء أولئك الآباء .... مثلما أسمع صياحك وبكاءك؟

هـ. للمناقشة والإنشاء

علّق على واحدة من الجملتين:

١. "اصبري على ما فعلَ (الصيّاد) مثلما صبر غيرك على ما فعلتِ."

٢. "كما تَدين تُدان".

باب ايلاذ وبلاذ وايراخت

الحمام الذي قتل نفسه

ملأتْ حَمامتان، ذَكَر وأنثى، عشّهما قَمحاً وشَعيراً حتى تأكلاه في الشتاء، وقال الذكر للأنثى: "لماذا لا نبحث عن طعام آخر نأكله ونترك الطعام الذي في العُشّ للشتاء؟" فوافَقت الأنثى على ذلك، ثم طار الذكر وغاب مدّة طويلة. وأثناء غيابه جاء الصيف ويبِس الحَبّ وصغر حَجمه. وعندما رجع الذكر ورأى ما حدث للحبّ ظنّ أنّ زوجته أكلته، فسألها: "لماذا أكلتِ الحَبّ وقد اتّفقنا على أنْ لا نأكل منه شيئاً حتى الشتاء؟" فحَلَفت* الزوجة أنها لم تأكله، ولكنّ الذكر لم يصدّقها ونقَرها حتى ماتت.

ولما جاء الشتاء ونزل المطر ابتَلّ* الحب وكبر حجمه وملأ العش مثلما كان، فلمّا رأى الذكر ذلك عرف أنّ زوجته قالت الحقيقة* فندم ونام بجانبها وقال: "ما فائدة الحَبّ والعيش بعد موتك؟ وقد قتلتُك ظُلماً ولا يمكن تغيير ما حدث." وظلّ نائماً بجانبها لا يأكل ولا يشرب حتى مات.

كلمات جديدة

barley	شَعير	wheat	قَمْح
size	حَجْم	to dry	يبِس-يبَس

١٦٨

أ. إجابات قصيرة

١. لماذا أراد ذكر الحمام أن يبحث عن طعام غير الطعام الذي في العُشّ؟

....

٢. ماذا حدث للحبّ أثناء غياب الذكر؟

....

٣. ماذا فكّر الذكر عندما رأى ذلك؟

....

٤. ماذا فعل الذكر عندما كبر حجم الحبّ وملأ العشّ؟

....

ب. استعمل الكلمات التالية في جُمَل.

ترك-يترُك، عُشّ، طار-يطير، أثناء، نزل-ينزِل، ندِم-يندَم

ج. جذور وعائلات

طعام، غيابه، يصدّقها، بجانبها، اتّفقنا، الحقيقة، طار

د. املأ الفراغات.

مـلأتْ حَـمـامـتـان، ذكـر وأنثى، عـشّـهـمـا قَـمـحـاً .... حتى تـأكـلاه في ....، وقـال الذكر للأنثى: "................. لا نـبـحـث عن طـعـام .... نـأكـلـه ونـتـرك .... الذي في الـعُـشّ ....؟" فـوافَـقـت الأنـثـى عـلـى .... ، ثم طـار الذكـر وغـاب مـدّة .... وأثـنـاء غـيـابـه جـاء .... ويـبِـس الحَـبّ وصـغـر .... وعـنـدمـا رجـع .... ورأى مـا حـدث لـلـحـبّ .... أنّ زوجـتـه أكـلـتـه، فـسـألـهـا: "................. أكـلتِ الحَـب وقـد اتّـفـقـنـا .... أنْ لا نـأكـل مـنـه .... حـتـى الـشـتـاء؟" فـحـلـفـت .... أنـهـا لـم تـأكـلـه، ولـكـنّ .... لم يـصـدّقـهـا ونـقَـرهـا حـتـى ....

ولـمـا جـاء الـشـتـاء ونـزل .... ابـتـلّ الحـب وكـبـر حـجـمـه .... الـعـش مـثـلـمـا كـان، فـلـمّـا .... الذكر ذلك عـرف .... زوجـتـه قـالـت الحـقـيـقـة فـنـدم .... بـجـانـبـهـا وقـال: "مـا .... الحَـبّ والـعـيـش بـعـد مـوتـك؟ وقـد .... ظُـلـمـاً ولا يـمـكـن تـغـيـيـر مـا ...." وظـلّ نـائـمـاً بـجـانـبـهـا لا .... ولا يـشـرب حـتـى ....

هـ. للمناقشة والإنشاء

هـنـاك قـصّـة واحـدة عـلـى الأقـلّ فـي الـكـتـاب تـشـبـه فـي هـدفـهـا هـذه الـقـصّـة. مـا هـي تـلـك الـقـصّـة؟ كـيـف تـشـبـه قـصّـة "الحـمـام الذي قـتـل نـفـسـه؟"

باب الناسك والضيف

عاش ناسك في بلاد "الكرخ"، وفي يوم من الأيام زاره ضيف وأحضر الناسك تمراً وأكل منه هو وضيفه، ثم قال الضيف: "ما أطيب هذا التمر، وهو ليس في بلادي ولَيْتَ هو فيها، هل يمكن أن تساعدني حتى آخذ بعض ثماره وأزرعها في أرضنا، فأنا لا أعرف شيئاً عن ثمار أرضكم وزراعتها والعناية بها؟" قال الناسك: "إنّ ذلك صعب، وقد لا يوافق التمر أرضكم، وبلادكم فيها ثمار كثيرة ولستَ بحاجة للتمر، والعاقل هو مَن يَقنَع* بما عنده ولا يطلب ما لا يمكن الحصول عليه."

وكان الناسك يتكلّم بالعبرية فأحبّ الضيف كلامه وحاول أن يَتَعلّم العبرية عدّة أيّام، فقال له الناسك: "لماذا تترك لغتك وتتعلّم العبريّة؟ إذا فعلتَ ذلك فسيُصيبك* ما أصاب الغراب الذي حاول أن يمشي مثل الحجلة فنسي مشيته." قال الضيف: "وكيف كان ذلك؟" قال الناسك: "زَعَموا* أنّ غُراباً رأى حَجَلة تَمشي فأعجبَتْه

مِشْيتها، وأراد أن يتعلّمها، فحاول أن يمشي مثل الحجلة ولكنّه لم يقدر، ثمّ أراد أن يعود الى مشيته التي كان عليها فوجد أنّه قد نسيها، وصارَت مشيته أقبح مشية في الطيور."

كلمات جديدة

تَمْر	dates	ليْتَ	I wish, if only
العبريّة	Hebrew	حَجَلَة	partridge, quail
نَسِي-يَنسى	to forget	عاد-يعود	رجع-يرجِع، to return

أ. إجابات قصيرة

١. ماذا طلب الضيف من الناسك؟

....

٢. هل وافق الناسك على طلب الضيف؟ ماذا قال له؟

....

٣. لماذا صارت مشية الغُراب أقبح مشية في الطيور؟

....

ب. استعمل الكلمات التالية في جُمَل.

أطيَب، زرَع-يزرَع، عِناية، وافَق-يوافِق، عاقِل، أعجَب-يُعجِب، مِشية

ج. اكتب مُرادِف أو عكس كل من الكلمات التالية.

أطيَب، صَعْب، كثير، أحبّ-يُحِبّ، نسي-ينسى، أقبَح

د. املأ الفراغات.

عاش ناسك في بلاد "الكرخ"، وفي .... زاره ضيف وأحضر .... تمراً وأكل منه .... وضيفه، ثم قال ....: "ما أطيب .... التمر، وهو ليس في .... ولَيْتَ هو فيها، هل يمكن أن .... حتى آخذ بعض ثماره .... في أرضنا، فأنا لا .... شيئاً عن ثمار .... وزراعتها والعناية ...." قال الناسك: "إنّ ذلك ....، وقد لا يوافق .... أرضكم، وبلادكم فيها .... كثيرة ولستَ بحاجة ....، والعاقل هو مَن يَقنَع بما .... ولا يطلب ما لا .... الحصول عليه."

وكان .... يتكلّم بالعبرية فأحبّ .... كلامه وحاول أن يَتَعلّم .... عدّة أيّام، فقال له الناسك: "لماذا .... لغتك وتتعلّم العبريّة؟ إذا .... ذلك فسيُصيبك ما أصاب .... الذي حاول أن .... مثل الحجلة فنسي ...." قال الضيف: "وكيف ....؟" قال الناسك: "............................ أنّ غُراباً رأى .... تَمشي فأعجبَتْه ....، وأراد أن يتعلّمها، .... أن يمشي مثل الحجلة ولكنّه لم ....، ثمّ أراد أن يعود الى .... التي كان عليها .... أنّه قد نسيها، .... مشيته أقبح مشية في ...."

هـ. للمناقشة والإنشاء

علّق على الجملة التالية: "والعاقل هو مَن يَقنَع بما عنده ولا يطلب ما لا يمكن الحصول عليه."

باب السائح والصائغ

١

وقع رجل صائغ وحيّة وقرد وأسد في بئر، ومرّ رجل سائح فنظر في البئر ورأى الرجل والحيوانات ففكّر في نفسه وقال: "ليس هناك عمل أفضل لآخرتي من تخليص هذا الرجل من هؤلاء الأعداء." ثم أخذ حَبلاً وأنزله في البئر فتعلّق به القرد وخرج، ثم أنزل الحبل مرة ثانية فالتفّت* عليه الحيّة وخرجت، ثم أنزله مرة ثالثة فتعلّق به الأسد وخرج، فشكرت الحيوانات السائح على ما فعل وقالَت له: "لا تُخرج هذا الرجل من البئر فإنّه ليس هناك مَخلوق* أقلّ شُكراً من الإنسان، وخاصّة هذا الرجل." ثم قال القرد: "إن بيتي في جبل قريب من مدينة اسمها "فوادرخت"، وقال الأسد: "وبيتي في غابة بجانب تلك المدينة"، وقالت الحية: "وبيتي في سور نفس المدينة." ثم قالت الحيوانات: "اذا مررتَ يوماً بمدينتنا واحتجْتَ شيئاً فنادِنا وسنجيء لك ونردّ جميلك."

لم ينتبه السائح لما قالت الحيوانات وأنزل الحبل وأخرج الصائغ، فسجَد* له وقال: "اسمي فلان وأنا صائغ، واذا مررتَ يوماً بمدينة فوادرخت فاسأل عن بيتي،

وأرجو أن أردّ جميلك". وذهب كل منهما في طريقه.

وفي يوم من الأيام صادَف أنّ السائح ذهب الى مدينة فوادرخت فاستقبله القرد وسجد له وقبّل* رجليه واعتذر له قائلاً: "إنّ القرود لا تملك شيئاً، ولكن اقعد حتى أرجع." وذهب القرد وجاء بفاكهة طيّبة وأعطاها للسائح فأكل منها حتى شبع.

ثم استمر السائح حتى اقترب من باب المدينة فاستقبله الأسد وسجد له وقال: "قد عملتَ معي معروفاً، انتظر حتى أرجع اليك." ثم ذهب الى بيت الملك وقتل بنته وأخذ حُليّها وأعطاها للسائح دون أن يعلم السائح من أين الحليّ.

ثم قال السائح في نفسه: "اذا كانت الحيوانات تُكافئني هذه المكافأة فكيف بالصائغ؟ فإذا لم يكُن عنده مال يُمكن أن يبيع الحليّ التي معي ويعطيني جزءاً من ثمنها ويأخذ جزءاً اخر، فهو أعْرف مني بالحليّ وبثمنها."

كلمات جديدة

سائِح	traveler, wanderer	أفضَل	better ،أحسن
تعلّق-يتعلّق	to hang onto	هؤلاء	these
سور	wall	احتاج-يحتاج	to need
نادى-يُنادي	to call	ردّ الجميل	to return the favor
صادَف	it happened that	رِجليه	his (two) feet, legs
مَعروف	favor ،جميل	حُلِيّ	jewelry

أ. إجابات قصيرة

١. مَن وقَع في البِئر؟

....

٢. مَن كان أوّل مَن خَرَج من البئر؟

....

٣. ماذا قالَت الحيوانات للسائح عن الصائغ؟

....

٤. أين يسكن القِرد؟

....

٥. هل سمع السائح نصيحة الحيوانات؟

....

٦. ماذا فعل القرد عندما ذهب السائح الى مدينة فوادرَخت؟

....

٧. ماذا فعل الأسد؟

....

٨. ماذا قرّر السائح أن يفعل بالحليّ؟

....

ب. استعمل الكلمات التالية في جُمَل.

قِرد، أسَد، أفضل، شكَر، فُلان، استقبَل-يستقبِل، عمِل معروفاً

ج. جذور وعائلات

تخليص، احتاج-يحتاج، جميل، سجَد، قبّل، شكَر، استمرّ، أعرَف

د. املأ الفراغات.

وقع رجل صائغ وحيّة وقرد وأسد في ....، ومرّ رجل سائح فنظر في البئر ورأى .... والحيوانات ففكّر في نفسه ....: "ليس هناك عمل أفضل لآخرتي من .... هذا الرجل من هؤلاء الأعداء." ثم أخذ .... وأنزله في البئر فتعلّق به .... وخرج، ثم أنزل الحبل مرة ثانية فالتفّت عليه .... وخرجت، ثم أنزله مرة ثالثة فتعلّق به .... وخرج، فشكرت الحيوانات .... على ما فعل وقالَت له: "لا تُخرج هذا .... من البئر فإنّه ليس هناك .... أقلّ شكراً من الإنسان، وخاصّة هذا ...." ثم قال القرد: "إنّ بيتي في جبل .... من مدينة اسمها "فوادرخت"، وقال .... "وبيتي في غابة بجانب تلك المدينة"، وقالت الحية: "وبيتي في سور نفس المدينة." ثم قالت ....: "اذا مررتَ يوماً بمدينتنا واحتجْتَ .... فنادنا وسنجيء لك ونردّ ...."

لم ينتَبه السائح لما قالت الحيوانات .... الحبل وأخرج الصائغ، فسجَد له ....: "اسمي فلان وأنا ....، واذا مررتَ يوماً .... فوادرخت فاسأل عن ....، وأرجو أن أردّ جميلك". وذهب كل منهما في ....

هـ. للمناقشة والإنشاء

١. لماذا قرّر السائح إخراج الصائغ والحيوانات من البئر؟

٢. كيف ردّت الحيوانات جميل السائح؟

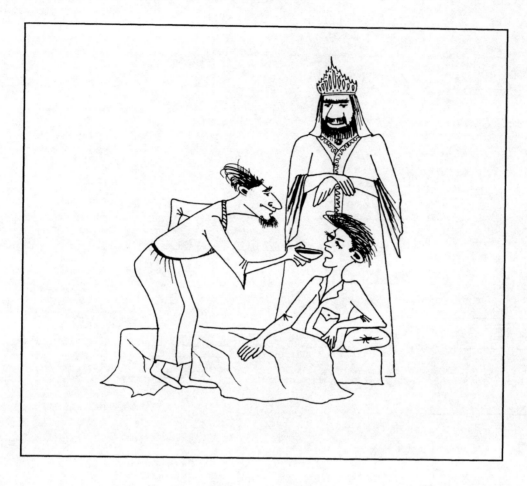

٢

ذهب السائح الى الصائغ فرحّب به وأدخله الى بيته، ولما رأى الحليّ عرف من أين هي لأنّه كان قد صاغها لبنت الملك بنفسه. فقال للسائح: "استرح في بيتي حتى أُحضِر لك طعاماً فلا أرضى أن تأكل من الطعام الذي في البيت."

خرج الصائغ وقال في نفسه: "هذه فُرصتي. سأذهب الى الملك وأخبره عن الذي قتل بنته فأحصل على مكانة عالية عنده." فذهب الى الملك وأخبره أنّ الرجل الذي قتل بنته وأخذ حليّها موجود في بيته. فأرسل الملك جنوده وأحضروا السائح، ولما رأى الملك الحليّ معه أمر جنوده أنْ يُعذّبوه* ويمشوا به في المدينة ثم يصلبوه. وبينما كان الجنود يعذّبون السائح ويمشون به في المدينة بدأ يبكي ويصيح بأعلى صوته: "لو أنّي أطعتُ القِرد والحيّة والأسد وسمعتُ ما قالته عن الإنسان لما وقعتُ في هذه المصيبة."

سمعتْ الحيّة صوت السائح وخرجت من جُحرها وعرفته عندما رأته، فحزنت

عليه وفكّرت في طريقة لمساعدته، ثم ذهبت الى ابن الملك ولسعَتْه، فدعا الملك أطبّاءه وحاولوا أنْ يَشفوه ولكن لم يقدروا. ثم ذهبت الحيّة الى أخت لها من الجِنّ وأخبرتها بجميل السائح عندما أخرجها من البئر وبورطته مع الملك، فذهبت الحية الجنّية الى ابن الملك وقالت دون أن يراها أحد: "لن يقدر أحد أنْ يشفيك الا ذلك الرجل الذي عذّبه الملك وسجنه ظُلماً." وذهبت أختها الى السائح في السجن وقالت له: "قد نصحتُك بأن لا تساعد هذا الإنسان ولكنك لم تسمع نصيحتي." ثم أعطته ورَقاً عليه بعض سُمّها وقالت له: "اذا طلبوا منك أن تعالج* ابن الملك فاسقِه من ماء هذا الورق فسيشفى، وإذا سألك الملك عن حالك فقُل الحقيقة وستنجو إنْ شاء الله." وكان ابن الملك قد أخبر أباه أنّه سمع قائلاً يقول: "لن تشفى حتى يعالجك السائح الذي سجنه الملك ظلماً." ثم دعا الملك السائح وطلب منه أن يعالج ابنه فقال: "لا أعرف الكثير عن العلاج ولكن اسقه من ماء هذه الورقة فسيشفى إنْ شاء الله." فسقاه فشُفي الابن، وفرح الملك بذلك فرحاً عظيماً، ثم سأل السائح عن قصّته فأخبره، فشكره وأعطاه هديّة جيّدة وأمر أن يُصلب الصائغ لأنه كذب وردّ الجميل بعمل قَبيح.

كلمات جديدة

صاغَ-يصوغ	to mold, fashion	فُرْصة	chance
أخبَر-يُخبِر	to inform	صَلَب-يَصلُب	to crucify
لَسَع-يلسَع	to sting, bite	شَفى-يَشفي	to cure

أ. إجابات قصيرة

١. لماذا ذهب الصائغ الى الملك؟

....

٢. لماذا أمر الملك جنوده بتعذيب السائح؟

....

٣. ماذا كان السائح يقول عندما عذّبه الجنود؟

....

٤. لماذا حزنت الحيّة؟

....

٥. ماذا أعطَت الحيّة للسائح؟

....

٦. هي شُفِي ابن الملك؟

....

ب. اكتب مرادف أو عكس كل من الكلمات التالية.

عدوّ-أعداء، أقلّ، جميل، أعطى-يعطي، اقترَب-يقترِب، باع-يبيع، أدخَل-يُدخِل، خاصّ، عالي، فرِح-يفرَح، كذَب-يكذِب، قبيح

ج. استعمل الكلمات التالية في جُمَل.

رحّب-يرحِّب، استراح-يستَريح، بكى-يبكي، دعا-يدعو، فرِح-يفرَح، هديّة، قَبيح

د. املأ الفراغات.

سمعتْ الحيّة صوت السائح وخرجت من .... وعرفته عندما رأته فحزنت عليه .... في طريقة لمساعدته، ثم ذهبت الى .... الملك ولسعَتْه، فدعا الملك أطبّاءه .... أن يَشفوه ولكن لم يقدروا. ثم .... الحية الى أخت لها من .... وأخبرتها بجميل السائح عندما أخرجها من .... وبورطته مع الملك، فذهبت الحية .... الى ابن الملك وقالت دون أن يراها ....: "لن يقدر أحد أن يشفيك الا ذلك .... الذي عذّبه الملك وسجنه ...." وذهبت أختها الى السائح في السجن .... له: "قد نصحتُك بأن لا تساعد .... الإنسان ولكنك لم تسمع نصيحتي." .... أعطته وَرَقاً عليه بعض .... وقالت له: "اذا طلبوا منك أن .... ابن الملك فاسقِه من .... هذا الورق فسيشفى، وإذا سألك .... عن حالك فقُل الحقيقة وستنجو إن ...." وكان ابن الملك قد أخبر .... أنه سمع قائلاً يقول: "لن .... حتى يعالجك السائح الذي سجنه .... ظُلماً." ثم دعا الملك السائح .... منه أن يعالج ابنه فقال: "لا أعرف .... عن العلاج ولكن اسقه من ماء .... الورقة فسيشفى إنْ شاء الله." فسقاه فشُفي ....، وفرح الملك بذلك فرحاً ....، ثم سأل السائح عن .... فأخبره، فشكره وأعطاه هديّة .... وأمر أن يُصلب الصائغ لأنه .... وردّ الجميل بعمل ....

هـ. للمناقشة والإنشاء

١. كيف ساعدَت الحيّة السائح؟

٢. علّق: "ليس هناك شيء أقلّ شُكراً من الإنسان، وخاصّة هذا الرجل."

باب ابن الملك وأصحابه

١

التقـى أربعـة رجـال فـي طريـق وكـان واحـد منهـم ابـن ملـك والثـاني ابـن تاجـر
والثالث ابـن شَريـف* والرابـع ابـن حَرّاث، وكانـوا لا يملكـون شيئـاً الا ثيابهـم. وبينمـا هـم
يمشـون فـي الطريـق فكّـروا فـي حالهـم، فقـال ابـن الملـك: "إنّ كلّ شـيء فـي الدنيـا قضـاء
وقَدَر، وانتظـار القضـاء والقدر أفضـل مـا يمكـن أنْ يعملـه الإنسـان." وقـال ابـن التـاجر:
"العقـل أفضـل شـيء." وقـال ابـن الشريـف: "الجمـال أفضـل شـيء." ثـم قـال ابـن الحـرّاث:
"ليـس فـي الدنيـا أفضـل مـن الاجتِهـاد* فـي العمـل."

عندمـا اقتربـوا مـن مـدينـة اسمهـا "مطـرون" جلسـوا ليستريحـو ويتشـاوروا.
فقـالـوا لابـن الحـراث: "اذهـب وأحضـر لنـا باجتهـادك طعامـاً." فذهـب ابـن الحـراث وسـأل
أهـل المدينـة عـن عمـل فقالـوا لـه: "إنّ أفضـل شـيء هـو جمـع الحَطَـب." وكـان الحطـب بعيـداً،
فذهـب وجمـع حطبـاً وبـاعـه بدرهـم واشتـرى طعامـاً، وكتـب علـى بـاب المدينـة: "عمـل يـوم

واحد إذا أجهد الإنسان جسمه قيمته درهم." ثم ذهب الى أصحابه ومعه الطعام فأكلوا.

وفي اليوم التالي قالوا لابن الشريف: "اليوم دَوْرك، اذهب وأحضِر لنا طعاماً بجمالك." فذهب ابن الشريف، ولكن قبل أن يدخل المدينة قال في نفسه: "أنا لا أقدر أن أعمل شيئاً، فلماذا أدخل المدينة؟" ولكنّه استحى أن يرجع الى أصحابه بدون طعام، وقرّر أن يتركهم، فمشى حتى تعب ثم جلس تحت شجرة ليستريح فنعس* ونام. فمرّت به زوجة رجل غنيّ ورأته، فأعجبها، ثمّ أرسلت خادمتها لتحضره لها، فذهب مع الخادمة الى زوجة الرجل الغني وقضى يومه معها سعيداً مُرتاحاً. وعند المساء أعطته خمسمئة درهم، فكتب على باب المدينة: "جمال يوم واحد يساوي خمسمئة درهم." ورجع بالمال الى أصحابه.

كلمات جديدة

حَرّاث	plowman	أجهَد-يُجهِد	to exert
دَوْر	turn	مُرتاح	rested, comfortable

أ. إجابات قصيرة

١. مَن هُم الرجال الأربعة؟

....

٢. هل كانوا أغنياء أم فقراء؟ ماذا كانوا يملِكون؟

....

٣. ماذا كتب ابن الحرّاث على باب المدينة؟ لماذا؟

....

٤. لماذا استحى ابن الشريف أن يرجع الى أصحابه؟

....

٥. كيف قضى ابن الشريف يومه عندما ذهب الى المدينة؟

....

٦. ماذا كتب على باب المدينة؟

....

ب. استعمل الكلمات التالية في جُمَل.

قضاء وقدَر، انتِظار، عَقْل، جَمال، قَرَّر، خادم-خادِمة، سَعيد، غنيّ، مَساء، دِرْهَم

ج. جذور وعائلات

شريف، اجتهاد، استَحى، أعجَب، مُرتاح، انتِظار، عَقْل، جَمال، قَرَّر، سَعيد

د. املأ الفراغات.

عندما اقتربوا من مدينة اسمها "مطرون" .... ليستريحو ويتشاوروا. فقالوا ....: "اذهب وأحضر لنا باجتهادك ...." فذهب ابن الحرّاث وسأل .... عن عمل فقالوا له: "إنّ أفضل .... هو جمع ...." وكان الحطب بعيداً، فذهب .... حطباً وباعه .... واشترى ....، وكتب على باب ....: "عمل يوم .... إذا أجهد الإنسان .... قيمته ...." ثم ذهب الى .... ومعه الطعام ....

وفي اليوم التالي قالوا ....: "اليوم ....، اذهب وأحضِر لنا .... بجمالك." فذهب ابن الشريف، ولكن .... أن يدخل المدينة .... في ....: "أنا لا أقدر أن أعمل ....، فلماذا أدخل المدينة؟" ولكنّه استحى أن .... الى أصحابه بدون ....، وقرّر أن يتركهم، فمشى .... تعب ثم جلس تحت .... ليستريح فنعس .... فمرّت به زوجة رجل .... ورأته فأعجبها، ثمّ .... خادمتها لتحضره لها، فذهب .... الخادمة الى زوجة الرجل .... وقضى يومه معها .... مُرتاحاً. وعند المساء أعطته خمسمئة ....، فكتب على ....: "جمال يوم واحد .... خمسمئة ...." ورجع بالمال الى ....

هـ. للمناقشة والإنشاء

ماذا كانت آراء الرجال الأربعة في الدنيا؟

٢

في اليوم الثالث قالوا لابن التاجر: "اذهب انت اليوم وأحضر لنا بعقلك وتجارتك شيئاً." فذهب ابن التاجر الى المدينة ورأى سفينة فيها بضاعة وقد اقتربت من الساحل، فذهب لها بعض التجّار يريدون شراء البضاعة، وعندما وصلوها جلسوا وتشاوروا فقالوا لبعضهم بعضاً: "ارجعوا، فاليوم لا نشتري من أصحاب السفينة شيئاً فترخص البضاعة." عندما سمع ابن التاجر ذلك ذهب الى أصحاب السفينة واشترى منهم البضاعة بمئة دينار دَيْناً وتظاهر أنه يريد أن ينقل* البضاعة الى مدينة أخرى. فلما سمع التجّار ذلك خافوا أن تذهب البضاعة من أيديهم فدفعوا له ألف درهم فوق المبلغ* الذي اشتراها به، وأخذ المال الى أصحابه وكتب على باب المدينة: "عقل يوم واحد قيمته ألف درهم."

وفي اليوم الرابع قالوا لابن الملك: "اذهب اليوم وأحضر لنا بقضائك وقدرك شيئاً." فذهب الى المدينة وجلس عند بابها. وصادف أن ملك المدينة مـات في ذلك اليـوم، فمـرّ أهل المدينة بجنازته وكلّهم حزينـون، ورأوا أنّ ابن الملك لم يكن حزيناً مثلهم فغضبوا من ذلك، وشتمه البوّاب وقال له: "مَن أنت يا لئيم، ولماذا تجلس عند باب المدينة ولستَ حزيناً لموت الملك؟" ثم طرده. ولكن بعد أن ذهبوا رجع ابن الملك وجلس في مكانه. فلما دفنوا* الملك ورجعوا رآه البوّاب فغضب وأخذه الى السجن.

ثم اجتمع أهل المدينة وتشاوروا فيمَن يصبح ملكاً، وكل منهم يريد أن يكون الملك، ولم يتّفقوا على شيء. فقـال لهم البوّاب: "رأيت أمس شاباً جالساً عند باب المدينة ولم يكن حزيناً مثلنا، فكلّمته ولم يُجِبْني فطردتُه، ولمّا رجعتُ وجدته جالساً فأدخلته* السجن خوف أن يكون جاسوساً." فأرسل أشراف المدينة الى ابن الملك فجاء وسألوه عن حاله فقال: "أنا ابن ملك "فريران"، وعندما مات أبي أخذ أخي المُلك منّي فهربتُ خوفاً على نفسي حتى جئت الى هذه المدينة." فلمّا ذكر الشابّ ذلك عرفه بعض الأشراف وقالوا إنّ أباه كان ملكاً طيّباً عادلاً. ثم اختاروه* ليكون ملكاً عليهم.

وكان لأهل المدينة عادة اذا جاء ملك جديد ركّبوه* على فيل أبيض ومشوا به في المدينة، فلما فعلوا ذلك مرّ بباب المدينة ورأى الكتابة على الباب فأمر أن يكتبوا: "إنّ الاجتهاد والجمال والعقل وما يُصيب الناس من خير أو شرّ قضاء وقدر من الله سبحانه وتعالى." ثمّ أرسل الى أصحابه وعيّن ابن التاجر وزيراً وأعطى الحرّاث أرضاً يزرعها، وأعطى ابن الشريف مالاً كثيراً وطلب منه أن يغادر المدينة حتى لا يفتن نساءها.

كلمات جديدة

on credit	دَيْن	merchandise	بِضاعة
funeral	جنازة	hand	يَد (ج. أيدي)
doorman	بوّاب	to curse، سَبَّ	شتَمَ
to leave	غادَر-يُغادِر	May He be exalted!	سُبحانه وتعالى!
		to subject to temptation	فتَن-يفتِن

أ. إجابات قصيرة

١. لماذا لم يشْتَرِ التُجّار البضاعة من أصحاب السفينة؟

....

٢. بِكم اشترى ابن التاجِر البضاعة؟

....

٣. هل دفع ثمن البِضاعة عندما اشتراها؟

....

٤. كم ربح ابن التاجِر؟

....

٥. أين جلس ابن الملك؟

....

٦. مَن مات في ذلك اليوم؟

....

٧. لماذا شتَم البوّاب ابن الملك وطرده؟

....

٨. لماذا اختار أهل المدينة ابن الملك ملكاً عليهم؟

....

٩. ماذا كانت عادة أهل المدينة عندما يختارون ملكاً جديداً؟

....

١٠. ماذا عيّن الملك الجديد ابن التاجر؟

....

١١. لماذ طلب الملك الجديد من ابن الشريف أن يُغادر المدينة؟

....

ب. استعمل الكلمات التالية في جُمَل.

تاجِر، اشتَرى-يشتَري، رخُص-يرخَص، نقَل-ينقُل، فَوْق، شابّ، جالِس، حزين، رأى-يَرى، هرَب-يهرُب

ج. املأ الفراغات.

وفي اليوم الرابع قالوا لابن ....: "اذهب اليوم وأحضر لنا .... وقدرك شيئاً." فذهب الى .... وجلس عند .... وصادف أنّ ملك .... مات في ذلك اليوم، فمرّ .... المدينة بجنازته وكلّهم ....، ورأوا أنّ ابن الملك لم .... حزيناً مثلهم فغضبوا من .... وشتمه البوّاب وقال ....: "مَن أنت يا لئيم، ولماذا .... عند باب المدينة ولستَ .... لموت الملك؟" ثم طرده. ولكن .... أن ذهبوا رجع ابن .... وجلس في مكانه. فلما .... الملك ورجعوا رآه .... فغضب وأخذه الى ....

ثم اجتمع أهل .... وتشاوروا فيمَن يصبح ملكاً، وكل .... يريد أن يكون الملك، ولم .... على شيء. فقال لهم البوّاب: ".................. أمس شاباً جالساً عند .... المدينة ولم يكن حزيناً مثلنا، فكلّمته .... يُجبْني فطردتُه، ولمّا رجعتُ .... جالساً فأدخلته السجن .... أن يكون جاسوساً." فأرسل .... المدينة الى ابن .... فجاء وسألوه عن .... فقال: "أنا ابن ملك "فريران" وعندما .... أبي أخذ أخي المُلك مني .... خوفاً على نفسي حتى .... الى هذه المدينة." فلمّا ذكر .... ذلك عرفه بعض الأشراف .... إنّ أباه كان ملكاً .... عادلاً. ثم اختاروه .... ملكاً عليهم.

د. للمناقشة والإنشاء

اكتب فقرة عن رأيك في القضاء والقدر؟ هل تتّفق أم تختلف مع القصّة على أنّ كل شيء في الدنيا قضاء وقدر؟ لماذا؟

قال الشيخ: كنتُ أعمَل وأنا شابّ قبل أن أكون سائحاً عند رجل من أشراف الناس، فلمّا قرّرتُ أن أترُك مَلَذّات الدُنيا وأعيش زاهداً فارَقتُ* ذلك الرجل، وكان قد أعطاني من أجرتي دينارين، فأردتُ أن أتصدّق بأحدهما وأحتفظ بالآخر، فجئت الى السوق ووجدتُ مع رجل من الصيّادين زوج "هُدهُد*" فحاوَلتُ أن أشتريهما، فرفض الصيّاد أنْ يبيعهما الاّ بدينارين. فقلتُ في نفسي: "أشتري أحدهما وأترك الآخر، ولكنّي فكّرتُ وقلتُ: "ربّما هما زوجان ذكر وأنثى، وإذا اشتريتُ واحداً منهما فسأفرّق* بينهما." فأشْفقتُ* عليهما وتوكّلت على الله واشتريتهما بدينارين، وخفتُ اذا أطلقتُهما* في أرض فيها ناس أنْ يُصادا لأنّهما ضعيفان ولا يستطيعان الطيَران بسبب الجوع، وخفتُ عليهما كذلك من الحيوانات التي قد تقتُلهما. فذهبتُ بهما الى مكان كثير العشب والأشجار، بعيد عن الناس، وأطلقتُهما، فطارا ووقَفا على شجرة، ثمّ سمعتُ أحدهما يقول للآخر: "لقد خلّصَنا هذا السائح من المصيبة التي كنّا فيها

وأنقذَنا من الموت ويجب علينا أن نكافئـه على مـا فـعل، يجب أن ندلّه على الجـرّة المملوءة بالدنانير التي تحت هذه الشجرة."

فقلتُ لهما: "كيف تدلّانني على كنز لا تراه العُيون وأنتُما لم تَرَيا الشبكة؟"

فقالا: "إذا نزل القضاء أعمى العيون حتّى صارت لا ترى شيئاً، وقد أعمى القَضاء عيوننا عن الشبكة ولكنّه لمْ يُعمِها عن هذا الكنز حتى تستفيد منه أنتَ." فحفرتُ تحت الشجرة وأخرجتُ جرّة مملوءة بالدنانير فَدَعَوْتُ* لهُما بالعافية وقلتُ: "الحمد لله الذي علّمكما أن تطيرا في السماء وتُخبِراني بما تحت الأرض." فقالا لي: "أيّها العاقل، ألا تعلَم أنّ القدر غالِب على كلّ شيء لا يستطيع أحد أن يتجاوزه*؟"

كلمات جديدة

to give alms	تَصَدَّق–يتَصَدَّق	joy, pleasure	مَلَذّة
treasure	كَنْز	to be hunted, caught	صيد–يُصاد
dominant	غالِب	health, well-being	عافِية

أ. إجابات قصيرة

١. أين عمل الشيخ عندما كان شابّاً؟

....

٢. ماذا أراد الشيخ أن يفعل بالدينارين في البداية؟

....

٣. لماذا قرّر الشيخ أن يشتري الهُدهدين؟

....

٤. لماذا لم يُطلِق الشيخ الهدهدين في أرض فيها ناس؟

....

٥. كيف كافأ الهدهدان الشيخ؟

....

ب. استعمل الكلمات التالية في جُمَل.

أُجرة، احتفظ-يحتفِظ، خاف-يخاف، ضعيف، جرّة، مملوء، عاقِل

ج. جذور وعائلات

فارَقْتُ ، أتصدّق، أطلقتهما، احتفظ، خلّصَنا، عاقِل، يتجاوزه

د. املأ الفراغات.

قال الشيخ: كنتُ أعمَل وأنا شابٌ عند رجل .... أشراف الناس، فلمّا قرّرتُ .... أترك مَلَذّات الدُنيا وأعيش زاهداً فارَقتُ .... الرجل، وكان قد أعطاني .... أجرتي دينارين، فأردتُ .... أتصدّق بأحدهما وأحتفظ بالآخر، فجئت .... السوق ووجدتُ .... رجل من الصيّادين زوج "هُدهُد" فحاوَلتُ .... أشتريهما فرفض الصيّاد .... يبيعهما الاّ بدينارين. فقلتُ .... نفسي: "أشتري أحدهما وأترك الآخر، .... فكّرتُ وقلتُ: "ربّما هما زوجان ذكر وأنثى، .... اشتريتُ واحداً منهما فسأفرّق بينهما." فأشفقتُ .... وتوكّلت على الله واشتريتهما بدينارين، وخفتُ .... أطلقتُهما في أرض فيها ناس .... يُصادا لأنّهما ضعيفان .... يستطيعان الطيَران بسبب الجوع، وخفتُ عليهما كذلك .... الحيوانات .... قد تقتُلهما. فذهبتُ بهما .... مكان كثير العشب والأشجار، بعيد .... الناس، وأطلقتُهما فطارا ووقفا .... شجرة، ثمّ سمعتُ أحدهما يقول للآخر: "لقد خلّصَنا .... السائح من المصيبة .... كنّا فيها وأنقذَنا .... الموت ويجب علينا أن نكافئه .... ما فعل، يجب أن ندلّه .... الجرّة المملوءة بالدنانير .... تحت هذه الشجرة."

هـ. للمناقشة والإنشاء

تشبه هذه القصّة قصصاً أخرى في الكتاب في التركيز (emphasizing) على أهمّيّة القضاء والقدر. اكتب فقرة تتحدّث فيها عن أهمّيّة القضاء والقدر في قصّة "الهدهدان والكنز" وقصّة أخرى على الأقلّ.

و. قراءة إضافيّة

هذه قصّة "الهدهُدان والكنز" كما وردت في كتاب "كليلة ودمنة" دون أي تغيير. تمثّل القصّة في هذه الصيغة اللغة الفصحى في عصورها الأولى، وصيغتها المبسّطة أعلاه الفصحى الحديثة. قارن بين الصيغتين وبيّن بعض الفروق اللغويّة بينهما، كما فعلتَ في قصّة "ابن آوى والأسد والحمار".

قال الشيخ: إنّي كنتُ أخدِم وأنا غُلام قبل أن أكون سائحاً رجلاً من أشراف الناس، فلمّا بدا لي رَفْض الدّنيا فارَقْتُ ذلك الرجل وقد كان أعطاني من أجرتي دينارين فأردتُ أن أتصدّق بأحدهما وأستبقي الآخر فأتَيْتُ السوق فوجدتُ مع رجل من الصيّادين زوج هُدهُد فساومْته فيهما فأبى الصيّاد أنْ يبيعهما الاّ بدينارين، فاجتهدتُ أن يبيعنيهما بدينار واحد فأبى. فقلت في نفسي: "أشتري أحدهما وأترك الآخر، ثمّ فكّرتُ لعلّهما يكونان زوجين ذكراً وأنثى فأفرّق بينهما، فأدركني لهما رَحمة فتوكّلت على الله وابتَعتُهما بدينارين وأشفَقْتُ إنْ أرسلتُهما في أرض عامِرة أنْ يُصادا ولا يستطيعا أن يطيرا ممّا لقيا من الجوع والهُزال، ولم آمَن عليهما من الآفات، فانطلقتُ بهما الى مكان كثير المرعى والأشجار بعيد عن الناس والعُمران فأرسلتُهما فطارا ووقعا على شجرة مُثمرة، فلمّا صارا في أعلاها شكرا اليّ وسمعتُ أحدهما يقول للآخر: "لقد خلّصَنا هذا السائح من البلاء الذي كنّا فيه واستنقذنا ونجّانا من الهلَكة وإنّا لخليقان أن نُكافئه بفعله، وإنّ في أصل هذه الشجرة جرّة مملوءة دنانير أفلا ندلُّه عليها فيأخذها.

فقلتُ لهما: "كيف تدلاّنني على كنز لم ترَه العُيون وأنتُما لم تُبصرا الشبكة؟ فقالا: "إنّ القضاء إذا نزل صرفَ العُيون عن موضعِ الشيء وغشّى على البصَر، وإنّما صرفَ القَضاء أعيننا عن الشرَك ولمْ يصرِفها عن هذا الكنز لتنتفع أنتَ به، فاحتفرتُ واستخرجتُ البَرْنيّة وهي مملوءة دنانير فدعوتُ لهُما بالعافية وقلتُ لهما: "الحمد لله الذي علّمكما ممّا رأى وأنتُما تطيران في السماء وأخبرتماني بما تحت الأرض." فقالا لي: "أيّها العاقل، أما تعلَم أنّ القدر غالب على كلّ شيء لا يستطيع أحد أن يتجاوزه."

هذه قصّة "الحمامة والثعلب ومالك الحزين" كما وردت في كتاب "كليلة ودمنة" دون تبسيط. أدرس القصّة جيّداً، ثم أعِد كتابتها بلغة عربية حديثة بسيطة.

باب الحمامة والثعلب ومالك الحزين

قال دَبشلَيم الملك لبيدَبا الفيلسوف: "قد سمعتُ هذا المثل فاضرِب لي مثلاً في شأن الرجل الذي يرى الرأي لغيره ولا يراه لنفسه." قال الفيلسوف: "إنّ مثَل ذلك مثَل الحمامة والثعلب ومالك الحزين." قال الملك: "وما مَثَلهنّ؟"

قال الفيلسوف: "زعموا أنّ حمامة كانَت تُفْرِخ في رأس نَخلة طويلة ذاهبة في السماء، فكانت الحمامة تَشْرَع في نقل العُشّ الى رأس تلك النخلة فلا يُمكنها أنْ تنقل ما تنقل من العُشّ وتجعله تحت البيض الاّ بعد شدِّة وتعَب ومَشقّة لطول النخلة وسُحقها فاذا فرغَت من النَقل باضت ثمّ حضنت بيضها فاذا فقّسَت وأدرَك فراخُها جاءها ثعلب

قد تَعَهّد ذلك منها لوقت قد علمه بقدر ما ينهَض فراخها فيقف بأصل النخلة فيصيح بها ويتوعّدها أنْ يرقى اليها أو تُلقِي اليه فراخها فتُلقيها اليه. فبينما هو ذات يوم وقد أدرك لها فرخان إذ أقبل مالك الحزين فوقع على النخلة، فلمّا رأى الحمامة كئيبة حزينة شديدة الهمّ قال لها: "يا حمامة، ما لي أراك كاسفة البال سيّئة الحال؟"

فقالت له: "يا مالك الحزين، إنّ ثعلباً دُهيتُ به، كلّما كان لي فرخان جاءني يتهدّدني ويصيح في أصل النخلة فأفرَق منه فأطرح اليه فرخَيّ." قال لها مالك الحزين: "اذا أتاك ليفعل ما تقولين فقولي له لا أُلقي اليك فَرخيّ فارْقَ اليّ وغرِّر بنفسك فإذا فعلتَ ذلك وأكلتَ فرخَي طرتُ عنكَ ونجوتُ بنفسي. فلمّا علّمها مالك الحزين هذه الحيلة طار فوقع على شاطئ نهر، فأقبل الثعلب في الوقت الذي عرف فوقف تحت النخلة ثمّ صاح كما كان يفعل، فأجابته الحمامة بما علّمها مالك الحزين، فقال لها: "أخبريني مَن علّمك هذا؟" قالت: "علّمني مالك الحزين." فتوجّه الثعلب حتّى أتى مالكاً الحزين على شاطئ النهر فوجده واقفاً، فقال له الثعلب: "يا مالكُ الحزين، إذا أتَتْكَ الريح عن يمينك فأين تجعل رأسك؟" قال: "عن شِمالي." قال: "فاذا أتَتْك عن شِمالك أين تجعل رأسك؟" قال: "أجعله عن يميني أو خلفي." قال: "فاذا أتَتكَ الريح من كلّ مكان وكلّ ناحية، أين تجعله؟" قال: "أجعله تحت جَناحَيّ." قال: "وكيف تستطيع أن تجعله تحت جناحيك، ما أراه يتهيّأ لك." قال: "بَلى." قال: "فأرني كيف تصنع، فلعمري يا مَعْشر الطير لقد فضّلكنّ الله علينا إنّكنّ تدرين في ساعة واحدة مثْل ما ندري في سنة وتبلُغن ما لا نبلغ وتُدخِلن رؤوسكنّ تحت أجنحتكنّ من البرد والريح، فهنيئاً لكنّ، فأرني كيف تصنع؟" فأدخل الطائر رأسه تحت جناحيه فوثَب عليه الثعلب مكانَه فأخذه فهمزَه همْزة دقّ عنقه ثم قال: "يا عدوّ نفسه، ترى الرأي للحمامة وتُعلّمها الحيلة لنفسها وتعجز عن ذلك لنفسك حتى يتمكّن منك عدوّك." ثم قتله وأكله.

بعض الكلمات الصعبة

يكون لها فراخ، to have baby birds	تُفرِخ	طائر من طيور البحر، crane	مالك الحَزين
تبدأ	تَشرَع	ذاهبة في السماء طويلة	
excessive height ،عُلُوّ	سُحْق	تعب شديد	مَشَقَّة
تعوّد	تعهّد	أنهى	فَرغ
يُهدِّد، to threaten	يتوعّد	ينمو، يكبر	ينهَض
كبُر	أدرَك	يصعَد	يَرقى
حزين، depressed	كاسِف البال	حزين	كئيب
أخاف	أفرَق	أصابته مصيبة	دُهي
جاء	أقبل	عرّض نفسك للخطر	غَرَّر
يمكنك	يتهيّأ لك	تضع	تجعل
وصَل-يصِل	بلَغ-يبلُغ	الطيور	مَعشر الطير
ضرب	هَمَز	قفز	وثَب
تَرى أو تعرف ما يُفيد	تَرى الرأي	كسر رقبته	دقّ عُنقه
		لا تقدر	تعجز

Arabic-English Glossary   قائمة المُفردات

أ

أب (ج. آباء) father

ابن آوى (ج. بنات آوى) jackal

ابن عُرْس weasel

أجر — أجْر reward

أُجرة fee, wage

أجل — أجَل appointed time (of death)

مِن أجلِه for him, for his sake

أخر — آخِرة afterlife

مُؤخَّرة behind

أدَب — culture, literary knowledge

أُذُن — ear

أذي — آذى-يُؤذي to hurt, harm

ايذاء harming

أسَر-يأسِر to take as a prisoner

أصْل — origin

أكد — V (تأكّد-يتأكّد) to make sure

أكد — أكيد certain

أكل — آكِل العُشب grass-eater

ألَم — pain

IV (آلَم-يؤلِم) to hurt

أمّ (ج. أُمّهات) mother

أمر — أمَر-يأمُر to order

أمْر matter, affair

VI (تآمَر-يتآمَر) to conspire

مُتآمِر conspirator

أمَل — hope

أمن — آمِن safe

أمان safety

أمْن security, safety

ائتِمان confiding in

أنّ-يئِنّ to moan

أنْف — nose

أني — تأنّي acting slowly

أولَئِك those

ب

بِئر — well

بازي — falcon

بخل — بَخيل miserly

بدأ — فلنَبْدأ let's start

بدو — بدا-يبدو to seem

برّ — البرّيّة the wild

برء — بَريء innocent (person)

بَصَر — eyesight

بضع — بِضاعة merchandise

بطّ — بَطّة duck

بطء — IV (أبطأ-يُبطِئ) to slow down

بَطيء slow

بَطْن — stomach, inside

بعَث-يبعَث to send

بعضهم الى بعض one to the other

بقي — إبقَ remain, stay (imperative)

IV (أبقى-يُبقي) to keep, retain

بَقاء remaining, staying, living

بَقايا left-overs

بكي — بُكاء crying, weeping

بوب — بوّاب doorman

بوم — بومة (ج. بوم) owl

تَبِع-يتبَع to follow

تَمر — dates

توب — تاب-يتوب to repent

تينة (ج. تين) fig

ث

ثأر — revenge

ثَعْلَب (ج. ثعالِب) fox

ثمر — ثِمار fruit, produce

ثمن — ثَمين valuable

ثني — أثناء during

ثوب — ثِياب clothes

ثَوْر bull, ox

ج

جُحْر hole

جِدّ seriousness

جرّ جَرّ-يجُرّ to pull

جَرّة jar

جَرَح-يجرَح to wound, injure

جُرَذ (ج. جُرذان) rat

جزي to reward (جازى-يُجازي) III

جسّ جاسوس (ج. جَواسيس) spy

جِسْم body

جِلد skin, hide

جِنّ jinn, demons

جنح جَناح (ج. أجنِحة) wing

جند جُندي (ج. جُنود) soldier

جنز جَنازة funeral

جهد to exert IV

جَهل ignorance

جَوّ air, atmosphere

جوب to answer (أجاب-يُجيب) IV

إجابة answer

جَيْش army

ح

حَبّ grain

حبّ مَحَبّة love

حَبْس jailing

حَبْل (ج. حِبال) rope

حَجَر stone

حجل حَجَلة partridge, quail

حَجْم size

حَدّ extent, degree

حدث حَدَث-يحدُث to happen

to tell, narrate II

حَذِر cautious

حرث حَرّاث plowman

حرَق-يحرِق to burn, set on fire

حزن حُزْن sadness

حسَد-يَحْسِد to envy

حشّ حَشيش grass

حَصَل-يحصُل على to get, obtain

حضر to prepare II

to bring IV

حِضن lap

حَطَب firewood

حفر حَفَر-يحفِر to dig

حُفْرة hole

حقّ أحَقّ more deserving

حَقيقة truth

حقد حَقَد-يَحقِد to have feelings of hatred

حِقْد (ج. أحقاد) malice

حكم حِكْمة wisdom

حَكيم (ج. حُكَماء) wise (person)

حُكِي-يُحكى it is said, related

حَلّ-يحِلّ to untie

حَلَف-يحلِف to swear, make an oath

حلو حَلاوة sweetness

حُلِيّ jewelry

حمّ حَمامة dove

حمي حَمى-يَحمي to protect

حوج to need (احتاج-يحتاج) VIII

حاجة need

بحاجة in need

حوط حائط wall

حيّ حَيّة snake

حيل | trick, scheme حيلة
حيو | to be embarrassed, ashamed X (استحى-يستحي)
shyness, embarrassment حَياء
animal حَيَوان

خ

خبأ | to hide VIII (اختبأ-يختبئ)
خبر | to inform IV
experience خِبرة
news خَبَر (ج. أخبار)
خدع | to fool خدَع-يخدَع
crook, cheat خَدّاع
خدم | servant خادِم (ج. خدَم)
خزن | storeroom خِزانة
خصو | testicle خِصيَة
خطّ | plan خِطّة
خطأ | wrong, mistaken خاطِئ
how wrong! ما أخطأ!
خطر | danger خَطَر (ج. أخطار، مَخاطِر)
to snatch خطَف-يخطِف
خفي | to hide IV (أخْفى-يُخفي)
hiding إخفاء
to mix خلَط-يخلِط
خَلْع | taking out
خنزر | pig, boar خَنزير (ج. خنازير)
خور | to low, moo خار-يخور
خوف | for fear of مَخافة
frightening مُخيف
خون | to betray خان-يخون
traitor خائِن
treason خيانة
خير | to be given the choice خُيِّر-يُخَيَّر
to choose VIII (اختار-يختار)
better خيْر

د

دخل | to interfere V
دعو | to call upon, summon دَعا-يدعو
to get warm دفِئ-يدفَأ
to bury دفَن-يدفِن
to indicate, show, guide دَلّ-يدُل
دلي | hanging مُدَلّى
blood دَم (ج. دِماء)
دور | to take place, break out دار-يَدور
turn دَوْر
دوي | cure دَواء (ج. أدوية)
دَيْن | on credit

ذ

ذئب | wolf
ذَكيّ | clever
ذَلّ-يذِلّ | to be humiliated
ذنب | guilt ذَنْب
guilty مُذْنِب
tail ذَنَب
ذَيْل | tail

ر

رأي | to see رأى-يَرى
to show IV (أرى-يُري)
to tie ربَط-يربِط
ربي | to raise II (رَبّى-يُرَبّي)
رجل | his (two) feet, legs رِجليه
رحم | compassion رَحمة
ردّ | to respond رَدّ-يرُدّ
to repeat II
to return the favor ردّ الجميل
رسل | messenger رَسول (ج. رُسُل)
to be content رَضي-يرضى
to refuse رَفَض-يرفُض

رَفَع-يرفَع to raise

رمي رَمى-يرمي to throw

روح رائحة smell

مُرتاح rested, comfortable

ريح wind

ريش feathers

ز

زرَق-يزرُق to drop excrement

زهد زاهد ascetic, self-denying

س

سَبّ-يسُبّ to curse, insult

سَبَب reason

سُبحانه وتعالى! May He be exalted!

سبَق-يسبِق to precede

سَجَد-يسْجُد to kneel down

سَجْن putting in jail

سحب سحاب clouds

سحر ساحِر (ج. سَحَرة) magician

سحل ساحِل shore

سرّ سِرّ (ج. أسرار) secret

سُرور happiness

سرطن سَرَطان crab

سَطْح roof

سعد سَعيد happy

سَقَط-يسقُط to fall

سقي سَقى-يسقي to give to drink

سَكَت-يسكُت to be quiet, silent

سلّ سَلّة basket

سلحف سُلَحْفاة turtle

سَلَخ-يسلَخ to skin

سلطن سُلطان authority

سلق to climb V

سلم سَليم sound, in good health

سُمّ poison

سمح سَماح (to give) permission

سمن سَمِن-يسمَن to become fat

سَمْن fat (noun)

سَمين fat (adjective)

سِنّ-أسنان tooth

سَهْل meadow, plain

سوء أسْوَأ worst

سوح سائِح traveler, wanderer

سور wall

سوي III (ساوى-يُساوي) to be equal to

سيل سال-يَسيل to flow

ش

شأم VI (تَشاءم-يتشاءَم) to perceive an evil omen

شبّ شابّ young person, youth

شبع to satisfy, fill IV

شِبل lion cub

شتَم-يشتُم to curse

شدّ شِدّة intensity

شَرّ (ج. أشْرار) evil (person)

شَرْط (ج. شُروط) condition

شَرَف honor

شرك شَرِكة partnership

شعر شَعَر-يشعُر to feel

شَعير barley

شعل to blaze VIII

شَفة lip

شفي شَفى-يَشفي to cure

شِقّ cut

شَكّ-يشُكّ to doubt, suspect

شكو شَكا-يشكو to complain

شَهِد-يشهَد to be a witness

شهو — شَهوة lust

شور — استِشارة consulting

(أشار-يُشير) IV to point; to give advice

(تشاوَر-يتشاور) VI to consult

ص

صَبَر-يصبِر to be patient

صبع — أصبع finger

صحّ — صِحّة correctness

صحر — صَحراء desert

صَدْر chest

صدف — صادَف it happened that

صَدَفة shell

صدق — to give alms V

صادِق truthful

صَديق (ج. أصدِقاء) friend

صرّ — (أصَرّ-يُصِرّ) IV to insist

صَعَد-يصعَد to climb

صفو — صافي clear

صَلَب-يَصلُب to crucify

صُلْح peace, reconciliation

صلو — صَلّى-يُصلّي to pray

صَنْج cymbals

صوب — (أصاب-يُصيب) IV to befall, happen to

مُصيبة disaster

صَوْت sound

صوغ — صاغَ-يصوغ to mold, fashion

صائِغ goldsmith

صوم — صام-يصوم to fast

صيح — صِياح crying, shouting

صيد — صاد-يصيد to hunt

صَيّاد fisherman

صِيد-يُصاد to be hunted, caught

ض

ضَخْم huge

ضرّ — ضَرّ-يَضُرّ to harm

ضارّ harmful

ضَرَر harm

ضَعْف weakness

ضَغَط-يضغَط to squeeze

ط

طبّ — طبيب (ج. أطبّاء) doctor

طبع — طَبيعة (ج. طبائع) nature

طَرْد dismissing

طَرَف end

طَري soft

طعم — to feed IV

طَعام food

طفو — طفا-يطفو to float

طلب — طالِب seeker

طمع — طمِع-يطمَع to be greedy

طَمَع greed

طوع — (أطاع-يُطيع) IV to obey

طول — طال-يطول to be long

طير — طار-يطير to fly

ظ

ظِلّ shadow, reflection

ظَلّ-يظَلّ to remain

ظلم — ظالِم unjust, oppressor

ظُلْم injustice

ظَنّ-يظُنّ to think

ظهر — ظَهَر-يظْهَر to appear

ظَهْر back

ع

عبد	عَبْد (ج. عَبيد)	slave
عبر	العبريّة	Hebrew
عجب		to wonder V
	عجيب	strange
	عَجيبة (ج. عَجائب)	wonder, marvel
عجز	عجوز	old (person)
عجل	عَجَلة	hurry
عدّ	X (استعدّ-يستعِدّ)	to be ready
عَدْل		justice
عدو	III (عادى-يُعادي)	to treat as an enemy
	عَداوة	enmity, hostility
	عَدُوّ (ج. أعداء)	enemy
	عُدوان	aggression
عذب	عَذاب	torture
عُذْر		excuse
عرب	عَرَبة	cart
عرف	مَعروف	favor
عُرْي		nakedness
عزّ	أعَزّ	dearest, most cherished
عَزَف-يعزف		to play (an instrument)
عَسَل		honey
عَشّ	II (عَشَّش-يُعَشِّش)	to nest
عُشْب		grass
عصو	عصا	cane, stick
عَضّ-يعُضّ		to bite
عَظْم، عظمة (ج. عِظام)		bone
عفو	عَفا-يعفو	to forgive
	عافية	health, well-being
عقب	عِقاب	punishment
عقد	عِقْد	necklace
	عُقدة	knot
عقل	عَقْل	mind, sense
	عاقِل	sensible, wise
علق		to hang onto V
علم	عالِم (ج. عُلَماء)	person of knowledge
	عَلامة	sign
عمي	أعمى	blind
عنق		to hug, embrace III
عني	عَنى-يَعني	to concern
	عِناية	taking care of
عوج	أعوَج	crooked
عود	عاد-يعود	to return
	VIII (اعتاد-يعتاد)	to be accustomed
	عادة	custom
عون	أعوان	assistants
عير	X (استعار-يستَعير)	to borrow
عيش	عاش-يعيش	to live
	عِشْ	live (imperative)
عين	II (عَيَّن-يُعيِّن)	to appoint

غ

غبي	غَبيّ	stupid (person)
غدر	غدَر-يغدُر	to betray
		to leave III
	غَدّار	treacherous
	غَدير	pond
غرّ	غُرور	arrogance, conceit
	مَغرور	conceited
غرب	غُراب (ج. غِربان)	raven
	غُربة	exile, diaspora
	غَريب	strange
	غرِق-يغرَق	to drown
غزل	غَزال	gazelle, deer
	غَسَل-يغسِل	to wash
غضب		to anger IV
	غاضِب	angry
غلب	غالِب	dominant

غور مَغارة cave
غيب غاب-يغيب to be absent, away
غابة forest

ف

فأر mouse
فأس ax
فتن فَتَن-يَفتِن to subject to temptation
فدي فِداء sacrifice
فرِح-يفرَح to be happy
فَرخ (ج. فِراخ) baby bird
فرش فِراش bed, bedding
فرص فُرْصة chance
فرغ فارِغ empty
فضل فَضْل superiority
أفضَل better
فُضُلات leftovers
فعل-يَفعَل to do
فَقَأ-يَفقأ to gouge out
فَقَد-يفقِد to lose
فكه فاكِهة fruit
فلن فُلان so and so (person)
فَم mouth
فَهْد (ج. فُهود) leopard
فيد (أفاد-يُفيد) IV to be of use, benefit
فائدة benefit, use
فيل (فِيلَة) elephant

ق

قبح قبيح ugly
قبر قُبَّرة lark
قَبَض-يقبَض to catch, hold

قَبِل-يقبَل to accept
قدر قُدرة ability
قدم قُدوم coming
قَذِر dirty
قرع قُرعة lottery
قَصَد-يقصِد to mean, intend
قضي قَضى-يقضي to spend (time)
قاضي judge
قَضاء وقَدَر fate and divine decree
قِطّ cat
قَطْع cutting
قِطعة piece
قفز قَفَز-يقفِز to jump
قَفْز jumping
قَلْب heart
قلِق-يقلَق to be worried
قَمْح wheat
قمل قَملة louse
قنع قَنِع-يقنَع to be content
to convince IV
قود قاد-يَقود to lead
قوم قيمة value

ك

كأنّ as if
كَذا such and such
كذب كَذَب-يكذِب to lie
كَذِب lying
كرّ II (كَرّر-يُكَرِّر) to repeat
كَرُم-يكرُم to be generous
كشف VIII to discover
كفأ III (كافأ-يُكافئ) to reward
كَما تَدين تُدان As others are in debt to you (now), (so) you will be in debt (to others one day).

كمل إكمال finishing, completing

كَنْز treasure

كود كاد-يكاد to be on the verge of

كون مكانة status

ل

لؤلؤ لُؤلُؤة pearl

لأم لَئيم malicious

لَحِق-يلحَق to catch up with

لذّ مَلَذّة joy, pleasure

لَسَع-يلسَع to sting, bite

لسن لِسان tongue

لِصّ (ج. لُصوص) thief

لُطْف kindness

لطَم-يلطُم to slap

لعَن-يلعَن to curse, damn

لَمَع-يلمَع to shine

لَولا if not

ليْتَ I wish, if only

ليق لاق-يليق to be appropriate

م

ما زال still

ما عليك الاّ the only thing you have to do

مرأ امرأة woman

مع مَعاً together

معز ماعِز goat

مكن to enable II

مَلّ-يملّ to be bored with

ملأ (امتلأ-يمتلئ) VIII to be filled

منع مَنَع-يمنَع to prevent

مَنْع preventing

مَهما whatever

ميل مال-يميل to sway

مائل leaning

ن

نبَت-ينبُت to grow

نتج نتيجة result

نَتَف-ينتِف to pluck

نجر نَجّار carpenter

نجو نَجا-ينجو to escape

نَجاة escape

نحو ناحية area, direction

ندِم-يندَم to be sorry

ندو III (نادى-يُنادي) to call

نسك ناسِك (ج. نُسّاك) hermit

نسو نِساء women

نَسي-يَنسى to forget

نشر نَشَر-ينشُر to spread

مِنشار saw

نَصَب-ينصُب to set

نصح نَصَح-يَنصَح to advise

نصيحة advice

نظَر-ينظُر to look

نَفَخ-ينفُخ to blow

نفع نفَع-ينفع to benefit, be of use

نافع beneficial

نفق مُنافِق hypocrite

نَقّ-ينُقّ to croak

نقذ to save IV

نقَر-ينقُر to peck

نقَص-ينقص to decrease, go down

نَمِر (ج. نُمور) tiger

نمو نُمُوّ growth

نَهَق-ينهَق to bray

نهي — (أنهى-يُنهي) IV to finish

نور — نور light

نار fire

نَوْع — type

هـ

هؤلاء — these

هجم — هُجوم attack

هدأ — هَدأ-يهدأ to calm down

هُدوء quiet, silence

هرَب-يهرُب to run away

هرِم-يهرَم to get old

هزأ — هَزِئ-يهزَأ to ridicule

هَمّ-يهُمّ to concern, be of interest to

هنأ — (هنّأ-يُهَنّئ) II to congratulate

و

وَتَد — wedge

وثِق-يثِق to trust

وجب — واجِب it is necessary that, duty

وَجَع — pain

وجه — face, surface

وحد — وَحْدة being alone

وَحش (ج. وُحوش) beast, wild animal

وَحْل — mud

ودع — وداعاً good-bye

ورط — وَرْطة predicament

ورق — وَرَقة piece of paper

وزر — وَزير (ج. وُزَراء) minister, advisor

وسع — واسِع wide

وشك — على وشَك be about to

وصَف-يصِف to describe; prescribe

وَطَن — homeland

وَعْد — promise

وفق — to give success to II

وفي — وَفى-يَفي to fulfill (a promise)

وَفاء loyalty

وقع — وَقَع-يَقَع to fall

وُقوع happening

ومس — مومِس prostitute

وهم — (اتّهم-يتّهم) VIII to accuse

ي

يبِس-يبَس to dry

يَد (ج. أيدي) hand

يرع — يَراعة firefly

يَقِظ — awake

FRAGA@STANFORD
PROF. LUIS FRAGA